Kevin Leman

Mama, bist du peinlich!

*So kommen Sie und Ihre Kinder
gut durch die Teenagerzeit*

BRUNNEN

VERLAG GIESSEN · BASEL

Titel der amerikanischen Originalausgabe:
Adolescence isn't Terminal
Copyright © 2002 by Kevin Leman
German edition © 2006 by Brunnen Verlag Gießen
with permission of Tyndale House Publishers, Inc.
All rights reserved.

Übersetzung aus dem Englischen: Angela Klein-Esselborn
Lektorat: Renate Hübsch

Bibelzitate erfolgen i.d.R. nach der Übersetzung: *Hoffnung für alle.*
© 1986, 1996, 2002 by International Bible Society.
Übersetzung: Brunnen-Verlag Basel und Gießen.

© der deutschen Ausgabe:
2006 Brunnen Verlag Gießen
www.brunnen-verlag.de
Umschlagfoto: IFA-Bilderteam, Düsseldorf
Umschlaggestaltung: Ralf Simon
Satz: DTP Brunnen
Herstellung: St.-Johannis-Druckerei, Lahr
ISBN 10: 3-7655-1382-2
ISBN 13: 978-37655-1382-4

Inhalt

1
Auf was für einem Planeten bin ich gelandet?

„Kann ich mitkommen, Papa? Ich könnte dir am Büchertisch helfen."

Hanna, gerade dreizehn geworden, sah mich mit diesem unwiderstehlichen Blick an. Konnte ich da nein sagen? Aber innerlich schmunzelte ich, denn Hanna war sich nicht darüber im Klaren, über welches Thema ich an diesem Abend reden würde.

„Ja, gern. Ich freue mich, wenn du mitkommst, Hanna", sagte ich.

Sofort wurde Hanna misstrauisch. „Worüber redest du eigentlich heute?"

„Über die Pubertät", sagte ich.

„O nein", stöhnte sie. „Aber Papa, versprich mir eins: Nimm mich bloß nicht als Beispiel für irgendwas, ja?"

Plötzlich musste sie lachen. Sie schlug sich mit der flachen Hand gegen die Stirn und grinste. „O nein! Vermutlich gebe ich dir gerade Stoff für deinen Vortrag, oder?"

Ich konnte es nicht abstreiten.

Hanna war dreizehn und stand auf der Schwelle zu jener übermütigen, ausgelassenen, trügerischen, frustrierenden, bedeutsamen und wundervollen Lebensphase, die wir Pubertät nennen. Es ist eine Zeit voller Widersprüche, in der Teenager der Mittelpunkt der Weltgeschichte sein wollen, aber es gleichzeitig hassen, wenn sie tatsächlich im Zentrum der Aufmerksamkeit stehen. Sie wollen perfekt aussehen, perfekt sein in allem, was sie anpacken. Und gleichzeitig wollen sie um jeden Preis ganz normal sein: bloß nicht anders sein als alle anderen in ihrer Clique.

Es gibt nur eins, was schwieriger ist als ein pubertierender Teenager zu sein: der Versuch, diesen pubertierenden Teenager als Vater oder Mutter angemessen zu begleiten. Ich darf das sagen. Ich habe diesen Versuch gemacht. Mehrmals bereits. Mein Frau und ich haben bereits drei Kinder durch die schwierigen Gefilde der Pubertät begleitet, das vierte ist gerade mitten drin und Kind Nummer fünf – Lauren – steuert auch bereits zielsicher die Zugehörigkeit zu der Gruppe von Menschen an, die ich liebevoll als „Hormonclub" bezeichne.

Es gibt nur eins, was schwieriger ist, als ein pubertierender Teenager zu sein: Vater oder Mutter eines solchen Teenagers zu sein.

Wenn unsere Kinder die magische Lebensphase Pubertät erreichen, sind viele Erziehungsregeln, an die wir uns in den ersten zehn Lebensjahren der Kinder halten konnten, plötzlich außer Kraft gesetzt. Alles verändert sich, so wie sich unsere Kinder verändern. Wir müssen uns anpassen und mitwachsen, wenn wir auch in dieser zugegebenermaßen turbulenten Zeit eine persönliche, gesunde und tragfähige Beziehung zu unseren Kindern aufrechterhalten wollen.

Vielleicht überrascht es Sie, aber für mich und meine Frau ist die Pubertät unserer Kinder die Lieblingsphase unseres Elterndaseins. Diese Zeit kann zwar sehr schwierig sein. Aber sie kann auch in gleichem Maße lohnend sein.

Ich lade Sie also ein auf eine Erkundungsreise: Entdecken Sie mit mir, was in den rund zehn Jahren der Adoleszenz in Kopf, Körper und Seele Ihrer Kinder vorgeht. Ich bin zwar Psychologe und Familienberater, aber ich glaube, die beste Ausbildung in diesem Themenbereich habe ich zu Hause erhalten. Sie werden bald verstehen, wieso.

Der Herr Familienberater

Ich kam gut gelaunt nach Hause, geriet aber umgehend in einen Wirbelsturm. Die Gruppe, der ich gerade einen Vortrag gehalten hatte, war außerordentlich aufgeschlossen gewesen. Die Teilnehmer lachten an den richtigen Stellen, zogen genau dann ihr Taschentuch hervor, wenn ich es mir erhoffte, nickten, wenn ich meine Einsichten verkündete – es hätte gar nicht besser laufen können. Anschließend ergaben sich noch ein paar Gespräche mit einigen Paaren und ich spürte regelrecht, dass meine Worte ihnen weiterhalfen. Als Psychologe und Referent hätte ich mir nichts Besseres wünschen können. Daher meine gute Laune.

Und jetzt der Wirbelsturm.

Ich wohne in Tucson, Arizona, dem einzigen Ort auf der Welt, wo Wasser teurer ist als Sprit. Auf dem Rückweg vom Flughafen lief mir bereits an der Grenze unseres Wohnviertels ein Wasserrinnsal entgegen.

Welcher Idiot wirft denn da sein Geld zum Fenster raus?, fragte ich mich.

Sie können sich also meine – nun ja – Begeisterung vorstellen, als ich diesem Wasserlauf bis zu seiner Quelle folgte – dem Wasserhahn in Lemans Vorgarten.

Offenbar hatten die Kinder mit dem Schlauch gespielt. Anschließend hatten sie den Hahn nicht zugedreht, sondern nur den Schlauch abgezogen und so die halbe Wüste bewässert.

Was für herzige, süße Kinder ich doch habe und mit welch zärtlichen väterlichen Gefühlen ich ins Haus ging!

Meine ersten Worte vom Flur aus prasselten denn auch wie ein Wasserfall hernieder: *„Wer hat den Hahn draußen nicht abgedreht?"*

Totenstille, dann die Stimme meines geliebten Weibes: „Oh, er ist zu Hause. Der Herr Familienberater."

Das war ein Schlag ins Gesicht. Und das zu Recht. Ich stellte meine Taschen ab und tat das, was ich als Erstes hätte tun sollen: Ich ging wieder raus, drehte den Hahn zu, kam wieder rein und umarmte meine Familie.

Was soll diese Geschichte veranschaulichen? Dass es in allen Familien zu Spannungen kommen kann und dass jeder bisweilen unvollkommen und unzulänglich ist, egal wie viele akademische Titel er vor seinem Namen herträgt. Ich lerne genauso viel aus meinen Fehlern wie aus den Dingen, die ich richtig mache. Ich bin keine fehlerfreie Autorität, sondern einer, der schon seit geraumer Zeit Vater pubertierender Kinder ist. Ich habe gelernt, dass ich wie jeder andere genau das Verkehrte sagen kann und in der Lage bin, die zarten, knospenden Gefühle von Teenagern zu verletzen. Ich posaune heraus, ein bestimmter Junge sei ein ganz prima Kerl, wenn meine Tochter gerade darüber jetzt lieber nicht reden möchte.

In diesem Buch möchte ich Geschichten erzählen, wie man das unter Freunden tut: Geschichten darüber, wie man die Pubertät seiner eigenen Kinder überlebt. Was auch immer Sie bereits durchgemacht haben – ich habe es vermutlich auch schon erlebt. Was ich allerdings nicht will: Ich will Sie keinesfalls mit meiner Erfahrung und mit billigen Antworten oder einem allwissenden Gehabe abspeisen. Eines *kann* ich aber tatsächlich sagen: Pubertät ist nicht tödlich (sie fühlt sich bloß manchmal so an). Drei meiner eigenen Kinder haben dieses Stadium bereits verlassen. Wenn Sie es richtig anpacken, wartet in der Beziehung zu Ihren erwachsenen Kindern eine großartige Belohnung auf Sie.

> *In einer Familie sind Spannungen unausweichlich. Jeder macht bisweilen Fehler – das ist normal.*

Meine Ziele sind durchaus realistisch. Scherzhaft habe ich sie einmal so formuliert: Hauptsache, die Kinder erreichen die Erwachsenenwelt, ohne jemanden umgebracht zu haben und selber nicht umgebracht worden zu sein! Wenn sie dann noch das Gefängnis vermeiden konnten, umso besser.

Aber im Ernst: Der Grund, warum ich dieses Buch schreibe, ist ganz einfach der, dass die Kinder, die wir aufziehen, einer ganz anderen Generation angehören. Betrachten wir einmal diesen „Planet Pubertät" zu Beginn des dritten Jahrtausends.

Planet Pubertät

Wann genau treten Kinder eigentlich in diese Lebensphase namens Pubertät ein? Ich kenne einen guten Test. Sie erkennen es daran, dass Ihr Sohn oder Ihre Tochter ganz tief im Autositz versinkt, sobald sie ein paar gleichaltrige Kinder an der Straße stehen sehen. Sobald Sie dieses beinahe universelle Phänomen beobachten, können Sie sicher sein: Ihre Kinder kommen jetzt in die Lebensphase, in der sie frei sein wollen von elterlichen Zwängen. Das kann bereits mit zehn Jahren der Fall sein, aber mit Sicherheit, wenn Ihre Kinder zwölf oder dreizehn werden. Und wenn das eintritt, wissen Sie, dass Sie für die nächsten knapp zehn Jahre den Planeten Pubertät umrunden werden.

Wenn wir glauben, die Erfahrungen unserer Kinder in der Pubertät seien dieselben wie unsere eigenen, machen wir einen Fehler.

Natürlich kennen Eltern die Pubertät – schließlich waren wir alle selbst mal drin. Aber wir machen einen großen Fehler, wenn wir glauben, die Erfahrungen unserer Kinder sind dieselben wie unsere eigenen. Ich bin gewiss nicht der einzige Mensch, der den Eindruck hat, dass meine Kinder sich mit dreizehn auf einem ganz anderen Planeten befinden als der, auf dem ich geboren wurde.

Die Welt der Jugendlichen hat sich dramatisch verändert. Statistiken belegen, dass Fälle von versuchtem oder tatsächlichem Selbstmord unter Jugendlichen in den letzten beiden Jahrzehnten eklatant zugenommen haben. Offen gelebte Homosexualität ist für heutige Jugendliche ein normales

Lebensmodell. Mehr als 50 Prozent der befragten College-studenten schätzten die Beziehung zu ihren Eltern als nicht zu-friedenstellend ein. Der Konsum illegaler Drogen steigt von 28,3 Prozent bei Teenagern auf 54,7 Prozent bei College-studenten.[1]

Für Teens von heute sind Dinge ganz normal, bei denen wir noch erröteten. Als ich in den siebziger Jahren Studententutor an meinem College war, bekam ich einiges an provokativen Postern mit nackten Mädchen in allen denkbaren Posen zu sehen. Heute haben Frauen Poster von Männern in ganz ähnlichen Posen – damals undenkbar. Ich las in der Zeitung von einer Frau, die beklagte, dass die Freundin ihres vierzehnjährigen Sohnes ihm eine Collage mit Nacktfotos von Frauen geschenkt hatte – mit Ansichten von der Seite, von vorne und von hinten. Nennen Sie mich ruhig alt, aber als ich noch in der Schule war, haben vierzehnjährige Mädchen so etwas nicht gemacht!

Sie können Ihre Kinder weiterhin beeinflussen, aber Sie können sie nicht mehr kontrollieren.

In der Welt, in der Vertreter meiner Generation aufwuchsen, sah man Ehepaare im Fernsehen nie im selben Bett. Die meisten Kinder von heute haben schon alles gesehen, was im Bett vor sich geht – und die Bettszenen finden in der Regel nicht zwischen Ehepartnern statt.

Der Planet Pubertät 2001 befindet sich in einer anderen Galaxie als die, in der wir aufwuchsen. Erziehungsregeln, die für unsere Kindergarten- und Grundschulkinder galten, lassen sich nicht mehr auf dieses neue Alter anwenden. Sie konnten beispielsweise das Umfeld Ihres Vierjährigen kontrollieren und viele der genannten negativen Einflüsse von ihm fern halten. Sie konnten bestimmen, was im Fernsehen angeschaut wurde und mit welchen Freunden Ihre dreijährige Tochter spielte.

Bei Jugendlichen sind diese Zeiten jedoch ein für allemal vorbei. Wie wir später sehen werden, sind die Zeiten, in der Sie noch die Kontrolle hatten, endgültig vorüber. Sie können Ihre Kinder weiterhin beeinflussen, aber Sie können sie nicht mehr kontrollieren.

Sie werden akzeptieren müssen, dass Ihre Kinder andere Pläne machen als die, die Sie für sie ausgearbeitet haben. In der Pubertät geht es einzig und allein darum, Unabhängigkeit auszuprobieren – und das bedeutet, dass Ihre Kinder ihre eigenen Interessen entwickeln und vertreten.

Unterschiedliche Sorgen

Spätestens mit zwölf Jahren, oft schon früher, entwickeln sich Ihre Kinder von Ihnen weg. Sie werden sich stärker an Gleichaltrigen orientieren, und mit großer Wahrscheinlichkeit werden sie auf ihrem Weg zum Erwachsenendasein noch recht häufig erkennen lassen, wie sehr sie darunter leiden, so „uncoole" Eltern zu haben. Und das ist völlig normal.

Außerdem sind für Ihr Kind ganz andere Dinge Anlass zur Sorge, als für Sie. Eine neuere Untersuchung hat das gezeigt. Danach unterscheidet sich die Einschätzung bestimmter Probleme zwischen Teenagern und ihren Eltern erheblich. Die folgende Tabelle verdeutlicht diese unterschiedliche Wertewelt zwischen Teenagern und ihren Eltern. Die Werte geben den Stellenwert an, den die Problematik für Teens bzw. deren Eltern einnimmt (1 = höchster Stellenwert).

	Teens	Eltern
HIV/Geschlechtskrankheiten	1	1
Alkohol	2	9
Schwangerschaft	3	4
Waffen (Messer)	4	3
Selbstmord	5	17
Fahren unter Alkoholeinfluss/Unfälle	7	2
Wechselnde sexuelle Kontakte	12	5

Zwei Dinge fallen mir an dieser Statistik auf. Einmal, dass den meisten Eltern nicht bewusst ist, wie stark sich Teenager heute mit Selbstmordgedanken beschäftigen. Und zweitens, dass wechselnde sexuelle Kontakte für heutige Teenager kein Problem darstellen – im Gegenteil, sie sehen darin eine Chance!

Die genannten Fakten illustrieren ein wenig, was ich meine, wenn ich sage, dass die Welt unserer Kinder eine andere Welt ist als die, in der wir aufwuchsen. Wenn Ihre Beziehung zu Ihrem vorpubertären Kind großartig ist – freuen Sie sich. Aber gehen Sie nicht automatisch davon aus, dass das auch so bleibt.

Wenn die Beziehung zu Ihrem Kind schon schwierig ist, fassen Sie Mut! Ich kann Ihnen zwar nicht garantieren, dass der Kurs während der Pubertätsjahre immer einfach zu steuern ist; aber ich kann Ihnen versichern, dass es sich lohnt, am Ball zu bleiben. Denn irgendwann wird Ihr selbstbezogener, unsicherer, nach Unabhängigkeit strebender Teenager sich in einen liebevollen, produktiven und ausgeglichenen Erwachsenen verwandeln.

Und wenn Sie sich manchmal in all den Kämpfen in der Zwischenzeit fragen, ob sich die Mühe lohnt – ja, sie lohnt sich. Ihr Sohn, Ihre Tochter wird vielleicht einmal viele andere Menschen beeinflussen – und die Weise, wie Sie Ihr Kind als Eltern begleitet haben, entscheidet mit darüber, ob dieser Einfluss gut oder schlecht sein wird.

Die Geschichte von zwei Teenagern

Marshall Mathers Vater verließ seine Familie, als Marshall gerade erst ein halbes Jahr alt war. Als Teenager wollte Marshall Kontakt zu seinem Vater aufnehmen, doch der antwortete nicht. So musste Marshall mit seiner Mutter zurechtkommen, einer Frau, die voller Zorn war. Ein Freund von Marshall erinnert sich, wie Marshalls Mutter einmal nach dem Einkaufen nach Hause kam. Nachdem die Jungs geholfen hatten, das Auto auszuladen, warf sie Marshall mit recht deftigen Worten aus der Wohnung.

Nach dem Bericht dieses Freundes „wurde er jede Woche hinausgeworfen. Es gab keinen Tag, an dem kein Chaos in dem Haus geherrscht hätte."

Was würden Sie von einem Jungen erwarten, der unter solchen Verhältnissen aufwächst? Eine Zeitschrift beschrieb ihn einmal als den „dürren Weißen aus zerrütteten Verhältnissen in einem gottverlassenen Vorort von Detroit". Leider wurde Marshall Mathers alias „Eminem" (wie „M und M" – *M*arshall *M*athers) einer der einfluss- und erfolgreichsten Rap-Sänger unserer Zeit. Eine Reporterin beschrieb ihn als „den unflätigen Fürsten von Hass und Zorn"[2].

Eminem erklärt freimütig und stolz, Gott habe ihn geschickt, um die Menschen zornig zu machen. Sein Manager Paul Rosenberg sagt, dass der Rap-Star immer wütender wird: „Er regt sich über alles auf."[3]

Der Rapper rechnet öffentlich mit seinem Vater ab. Das hört sich zum Beispiel so an: „Wenn du meinen Vater siehst, richte ihm aus, ich habe ihm im Traum die Gurgel aufgeschlitzt."

Ich kann hier nicht wiedergeben, wie Marshall sich in seinen Texten über seine Mutter auslässt. Sie sind zu anstößig und gehören zum Übelsten, was ein Sohn über seine Mutter sagen könnte.

Auch Marshalls Ehefrau Kim musste den Zorn dieses inzwischen reichen Jungstars ertragen. Auf dem Bauch hat Eminem eine wenig schmeichelhafte Tätowierung mit dem Namen seiner Frau: KIM: ROT IN PIECES (KIM: VERROTTE IN STÜCKEN). Marshall singt häufig davon, seine Frau zu verprügeln oder gar zu töten. Nach einem Auftritt, bei dem Eminem besonders niederträchtig war, verließ Kim den Saal, ging heim und schnitt sich die Pulsadern auf. Glücklicherweise wurde sie von ihrer Mutter und Marshalls Halbbruder entdeckt und gerettet.[4]

Es ist keine Überraschung, dass Marshalls Leben ein heilloses Durcheinander ist. Seine Mutter verklagte ihn, und während ich dies schreibe, leben Marshall und Kim in Scheidung.

Umso schockierender ist, dass Eminem zahlreiche Preise abräumt, wie beispielsweise drei MTV-Awards im Jahr 2000. Seine *Marshall Mathers LP* ist eines der bestverkauften Alben aller Zeiten. Seine hasserfüllten Texte werden von unzähligen Jugendlichen begierig aufgenommen. Eminem überschüttet unsere Kinder mit unflätigen Ausdrücken, wie man es in früheren Generationen nicht kannte.

Wie kam das? Ohne Vater und mit einer Mutter, die genug eigene Sorgen hatte, blieb Marshall sich weitestgehend selbst überlassen. Das Ergebnis spricht für sich. Jugendliche wachsen nicht „von selbst" zu produktiven, respektvollen Menschen heran.

Heißt das, alle Kinder allein erziehender Eltern geraten unausweichlich in Schwierigkeiten? Keineswegs. Hier ist eine weitere Lebensgeschichte:

Der Baseball-Superstar Alex Rodriguez ist mit seinen zwanzig-ein-paar Jahren bereits an der Spitze des Erfolgs angekommen: Er ist berühmt, hat mehr Geld, als er in seinem Leben ausgeben kann, wird von begeisterten Fans gefeiert und kleine Jungs hängen sich sein Poster übers Bett.

Aber alle Bewunderung der Welt hat nicht die Lücke gefüllt, die sein Vater hinterließ, der die Familie verließ, als Alex in der vierten Klasse war. Kürzlich berichtete Alex in einem berührenden Interview über ihre – späte – Wiederbegegnung und Versöhnung und was sie ihm bedeutet hat.

Diesem Mann liegt die Welt zu Füßen. Er wird verehrt, umworben, umsorgt, gefeiert – aber nichts davon konnte den Schmerz über den Verlust besiegen, den ein abwesender Vater hinterließ. Viele Jungs träumen davon, es in die Nationalliga zu schaffen. Aber dieser Superspieler träumte davon, es zu einer Versöhnung mit seinem Vater zu schaffen.

Was ich damit sagen will, ist Folgendes: In der Pubertät behandeln Ihre Kinder Sie womöglich so, als wären Sie der unbedeutendste Mensch auf dem Erdenrund. Sie mögen Sie behandeln, als wären Sie eine Last, eine Peinlichkeit, eine große Strafe – doch in ihrem Herzen schreien sie nach Ihrer Aufmerksamkeit, Ihrer Liebe, Ihrer Anteilnahme und sogar nach Ihrer Führung. Die Kunst besteht darin, dass Sie diese Aufmerksamkeit, Liebe, Anteilnahme und Führung so vermitteln, dass Ihre Kinder sie annehmen können – ob Sie nun Ihre Kinder allein erziehen oder als Elternpaar.

Eine Reihe von Selbsthilfebüchern betonen, wie wichtig es ist, „mit dem Ziel vor Augen anzufangen". Das heißt, wenn wir ein Projekt beginnen, sollen wir das beabsichtigte Ergebnis bereits im Blick haben. Das ist, denke ich, ein sehr guter Rat für die Kindererziehung. Was für Kinder wollen Sie haben? Möchten Sie selbstsüchtige Kinder, die jammern und stöhnen und sich irgendwie durchs Leben mogeln? Oder sollen Ihre Kinder verantwortungsbewusste Bürger werden, die zu ihren Überzeugungen stehen und ein Vermächtnis hinterlassen, auf das man stolz sein kann?

Die Kunst besteht darin, dass Sie Aufmerksamkeit, Liebe, Anteilnahme und Führung so vermitteln, dass Ihre Kinder sie annehmen können.

Wenn Sie sich im Voraus Gedanken machen, wie Ihre Kinder als Erwachsene sein sollen, stehen Ihre Chancen besser, dass Sie den dichten Nebel auf dem Planeten Pubertät durchdringen.

Unsere Straßenkarte

So verläuft nun also unsere Reise durch die Pubertät unserer Kinder. Damit Sie nicht ungeduldig werden, bringe ich die grundlegendsten und prägnantesten Informationen gleich am Anfang. Kapitel 2 enthält zwanzig Regeln, wie Sie die Pubertät Ihrer Kinder überleben.

In den Kapiteln 3 und 4 erkunden wir die Macht von Gruppendruck, und zwar zuerst, wie der Gruppendruck sich langsam aufbaut und wie er wirkt (Hinweis: Das beginnt bereits, wenn Ihre Kinder noch Babys sind!), und dann, wie man Ihre Heranwachsenden da durchschleusen kann. Und ich fordere Sie auf, Ihr Familienleben so stabil wie möglich zu gestalten und Ihren Kindern das zu bieten, was manche mittlerweile als „märchenhaften Lebensstil" bezeichnen. In Kapitel 6 geht es darum, wie wir die Werte weitergeben, an die wir glauben, Kapitel 7 steuert Sie durch den täglichen Kleinkrieg, dem wir mit unseren heranwachsenden Kindern ausgesetzt sind.

In Kapitel 8 rede ich darüber, wie riskant es ist, Heranwachsende zu erziehen. Dieses Kapitel könnte einige Leser ängstigen, doch Sie müssen mir zuhören, was ich zu sagen habe. In Kapitel 9 traue ich mich an das Thema „Giftige Eltern". Hier geht es um Erziehungsmethoden, die Ihnen garantiert wie kalter Wind ins Gesicht wehen, wenn Ihre Kinder erst einmal Teenager sind. Wenn Sie dieses Kapitel gelesen haben, sind Sie vorgewarnt.

Kapitel 10 enthält einige meiner unorthodoxesten Ratschläge. Darauf folgt Kapitel 11 mit dem Thema Liebe, Freundschaften und Sex. Da mir viele Eltern sagen, Sie brauchen Hilfe im Umgang mit dem Thema Sex, habe ich zwei Kapitel über Jugendliche und Sex eingefügt. Kapitel 12 hilft Ihnen, mit Ihren Teenagern über Sex zu reden, und in Kapitel 13 geht es um einige heiklere Aspekte der Jugendsexualität. Das letzte Kapitel beschäftigt sich mit Problemfeldern, von denen alle Eltern wollen, dass ihre Kinder die Finger davon lassen: Selbstmord, Alkohol und Drogen, Essstörungen, Rassismus und dergleichen.

Wir haben viel zu tun – packen wir's also an.

Zur Erinnerung:

▸ Für unsere Kinder ist die Pubertät eine ganz andere Erfahrung als für uns damals.

▸ „Gute" und „böse" Kinder haben denselben tief empfundenen Wunsch: Sie wollen eine echte, tiefe, sinnvolle Beziehung zu ihren Eltern.

▸ Am besten steuern wir unsere Kinder durch die unruhigen Wasser der Pubertät, wenn wir uns klar machen, wie wir uns unsere Kinder als Erwachsene vorstellen.

2
Wie Sie die Pubertät Ihrer Kinder überleben

Jugendliche sind dafür bekannt, dass sie das Beste aus zwei Welten wollen. Am Freitagabend sagen sie: „Verschwindet aus meinem Leben, lasst mich in Ruhe, gebt mir Freiraum!" Am Samstagmorgen sagen sie: „Hallo, Mama und Papa, kümmert euch um mich. Immer wenn ich in der Patsche stecke oder ein paar Euro extra brauche, sollt ihr mir bitteschön aushelfen."

Was geht in ihnen vor?

Das lässt sich in einem Wort sagen: *Hormone*. Heranwachsende leben von Emotionen. An einem Tag sind sie himmelhoch jauchzend und stürzen sich die Piste am Mount Everest hinab. Am anderen Tag durchwandeln sie ein Todestal.

Liebe ist nicht vollständig ohne Disziplin.

An dieser Achterbahn-Existenz ist ein riesiges Preisschild befestigt: Jugendliche sind dafür berüchtigt, dass sie vor allem die Menschen verletzen, die ihnen am nächsten sind.

Schalten Sie nur einmal um die Mittagszeit den Fernseher ein und Sie werden bestimmt irgendwo eine Psychologin hören, die einem Beifall spendenden Publikum verkündet: „Wenn wir unsere Kinder nur genug lieben, wird schon alles glatt laufen." Ich wünschte, es wäre so einfach. Leider ist es das nicht. Liebe ist nicht vollständig ohne Disziplin. Unsere Kinder brauchen auf der einen Seite viel Ermutigung und positive Bestätigung, aber sie brauchen auch Struktur und Richtlinien.

Disziplin ist nicht zu verwechseln mit Strafe. Disziplin heißt lehren, ausbilden und den Weg zeigen. Eltern müssen Richtlinien aufstellen, Grenzen setzen und sie auch durchsetzen. Manchmal gehört vielleicht auch Strafe dazu.

Als ich neulich in einer Fernsehsendung zu Gast war, erwähnte ich, dass es wichtig ist, Kinder die Konsequenzen ihres Handelns spüren zu lassen. Selbst wenn das bedeutet, ihnen in der Schule nicht den Rücken zu decken.

„Heißt das, Sie würden Ihr eigenes Kind auflaufen lassen?", fragte eine der Moderatorinnen ungläubig.

„Ja, würde ich", sagte ich.

„Buuh!", zischte sie.

Diese Moderatorin leidet, glaube ich, an einem „Gute-Eltern-Komplex", dem ich in meiner Beratungspraxis so häufig begegne. Für Eltern mit diesem Komplex ist es schwierig, Regeln und Vorschriften durchzusetzen, aus Angst, ihre Kinder könnten sie ablehnen. Regeln bewirken aber gerade das Gegenteil. Richtlinien sind wichtig, denn sie vermitteln unseren Kindern, dass wir an ihnen Anteil nehmen. Die Kinder werden unseren Richtlinien nicht immer zustimmen, doch das ist in Ordnung. Sie brauchen auch etwas, an dem sie sich heftig reiben. Dem sie, wenn Sie so wollen, Widerstand entgegensetzen können, denn Widerstand macht stark. Vorschriften, denen sich Jugendliche widersetzen, helfen ihnen, auf einem instruktiven (lehrreichen), nicht destruktiven (zerstörerischen) Kurs zu bleiben und Muskeln aufzubauen, die sie brauchen werden, wenn sie auf sich selbst gestellt sind und ihre eigenen Entscheidungen treffen. Um ihrer selbst willen muss man Kindern beibringen, die Autorität der Eltern zu respektieren und zu befolgen.

Das verstehe ich unter einer gesunden Kindheit und Jugend:

1. Kinder müssen ihre Eltern respektieren und ihre Anordnungen befolgen.
2. Sie müssen das Selbstbild erwerben, ein besonderer und wertvoller Mensch zu sein.
3. Sie sollten das Beste erwarten, was das Leben ihnen zu bieten hat.

Schön und gut, mag mancher einwenden, aber wie soll man das umsetzen?

Im Folgenden zeige ich Ihnen zwanzig erprobte Schritte, die Ihnen helfen werden, die Kommunikationswege zwischen Ihnen und Ihren Kindern begehbar zu halten.

Setzen Sie Ihre Regeln durch

„Hör mal, Tobi", sagt Monika zu ihrem Sohn, „wenn du die Garage bis Samstag nicht aufgeräumt hast, gehst du nicht mit deinen Freunden zu diesem Ausflug."

„Ist gut, Mama", sagt Tobi.

Der Samstagmorgen kommt herbei und Tobi hat den Rucksack schon an der Tür stehen. Monika lugt in die Garage und sieht, dass ihr Sohn sie nicht einmal angerührt hat. Die gelbe Tonne ist umgekippt, eine Spur von Grashalmen führt zum Rasenmäher und der Boden ist von Sportgerätschaften übersät.

„Was ist mit Garage aufräumen?", fragt Monika.

„Oh, 'tschuldigung, hab' ich wohl vergessen. Ich mach's, sobald ich zurück bin. Versprochen."

„Na gut", antwortet Monika. „Das lasse ich ausnahmsweise dieses eine Mal durchgehen. Viel Spaß dann."

Monika begeht einen entscheidenden Fehler. Wenn Sie Konsequenzen für ein bestimmtes Verhalten ankündigen, müssen Sie sie auch durchziehen. Kündigen Sie nur etwas an, wenn Sie sich auch sicher sind, dass Sie es auch durchsetzen werden. Eltern können kaum einen schlimmeren Fehler machen, als Konsequenzen für eine schlechte Entscheidung anzukündigen und sie dann doch nicht umzusetzen.

Wenn Sie Ihre eigenen Regeln nicht durchsetzen, bedeuten Sie Ihren Kindern, dass Ihr Wort eigentlich nichts gilt. Sie lassen sich von Ihren Kindern auf der Nase herumtanzen und bringen ihnen noch die Tanzschritte bei. Haben sie das erst einmal heraus, werden sie nie mehr aufhören, Sie auszunehmen, und Ihre Anweisungen nur dann befolgen, wenn es ihnen passt. Und jetzt, wo Ihre Kinder zu Jugendlichen werden, haben sie noch mehr Macht und viel mehr Gelegenheit, Ihre Schwäche auszunutzen.

Um Ihrer Kinder willen: Denken Sie nach, bevor Sie Konsequenzen benennen. Wenn größere Entscheidungen anstehen, schlafen Sie mindestens eine Nacht darüber und besprechen Sie es mit Ihrem Ehepartner, bevor Sie sich auf Konsequenzen festlegen. Lassen Sie sich nicht drängen, eine Entscheidung zu treffen oder Ihre Erlaubnis zu erteilen. Haben Sie sich auf angemessene Konsequenzen festgelegt, halten Sie sie ein.

Achten Sie auf Ihre Erwartungen

„Susanne bringt nur mittelmäßige Noten heim, manchmal sogar eine 4 oder 5. Ich weiß, sie kann es besser", sagt eine Mutter in meinem Beratungszimmer.

„Macht sie ihre Hausaufgaben?", frage ich.

„Ja, da ist sie sehr zuverlässig. Doch die Noten sind nicht entsprechend, und wenn es so weitergeht, muss sie auf die Realschule anstatt aufs Gymnasium."

„Halten die Lehrer sie für eine Faulenzerin?"

„Nein. Sie sagen vielmehr, ihre Leistungen entsprechen ihrem IQ, aber mein Mann und ich können das nicht akzeptieren. Wir gehörten beide immer zu den Klassenbesten."

Kluge Erwachsene werden manchmal übermäßig fordernde Eltern. Es ist eine physiologische Tatsache, dass sich Intelligenz immer auf einen Durchschnittswert hin bewegt. Selbst sehr begabte Eltern haben in aller Regel Kinder mit durchschnittlicher Intelligenz. Ein Kind mag zwar den Rest überflügeln, doch Abstammung ist noch längst keine Garantie für einen ererbten hohen IQ.

Viele Eltern setzen, ohne es zu merken, unrealistische Erwartungen in ihre Kinder. Ihre Normen müssen realistisch sein. Sie können Ihren Kindern keine überhöhten Erwartungen auferlegen und gleichzeitig eine ermutigende Atmosphäre in Ihrem Heim schaffen.

Leider leben wir in einer perfektionistischen Welt. Wir schaffen es hervorragend, auf den Fehlern unserer Kinder herumzuhacken und gleichzeitig ihre Stärken als selbstverständlich hinzunehmen. Wenn wir nicht aufpassen, fühlen sich unsere Kinder eher wie Schmusetiere oder Ausstellungsstücke statt wie Söhne oder Töchter.

Akzeptieren Sie sie da, wo sie sind

Es fällt schwer, die eigenen Kinder da zu akzeptieren, wo sie stehen. Wir haben keine Probleme, die Kinder anderer Leute da zu akzeptieren, wo sie sind. Aber wir wissen, wie wir unsere Kinder haben wollen, wie sie denken und handeln und was sie erreichen sollen. Wenn sie unsere Erwartungen nicht erfüllen, sind wir enttäuscht oder nehmen es persönlich.

Ihr Ziel als Eltern ist es, Ihren Kindern zu helfen, das Beste, was in ihnen steckt, auch zu leben.

Ihr Ziel als Eltern ist es, Ihren Kindern zu helfen, genau das zu werden, was sie sein können. Das Beste aus sich zu machen. Und nicht, dass sie sich schuldig fühlen, weil sie nicht werden, was sie gar nicht werden können. Wenn Ihre Kinder liebend gern Fußball spielen, sich aber mit einem Tor pro Saison zufrieden geben, dann gönnen Sie ihnen doch einfach den Spaß am Spiel und erwarten Sie nicht, dass sie die Stars ihrer Mannschaft werden.

Seien Sie auch sensibel gegenüber dem Entwicklungsstadium Ihrer Teenager. Ihr Sohn mag zwar die Stimme und Statur eines Erwachsenen haben, doch ist er mit seinen siebzehn Jahren in vielerlei Hinsicht noch ein Junge. Ihre Tochter füllt womöglich ihre Bluse gut aus und könnte so manchen Autofahrer ablenken, doch ist sie in vielem doch noch ein kleines Mädchen. Erwarten Sie ein gewisses Maß an Unreife. Übertreibung beispielsweise ist ein Wesensmerkmal von Teenagern: „Nie wieder werde ich mich verlieben!", „Du hasst mich doch!", „Du willst mein Leben zerstören!" Irgendwann kommen den meisten Teens solche Aussprüche über die Lippen.

Versuchen Sie anzuerkennen, dass Ihre Kinder ein Recht auf ihre Gefühle haben. Lassen Sie sie ausreden, nehmen Sie sie, wie sie sind, und gehen Sie von dort aus weiter. Wenn sie in ihrem Denken noch unreif sind, versuchen Sie am besten, zu verstehen, von welchem Standpunkt sie ausgegangen sind, und sie auf jeden Fall zu akzeptieren. So können sie ihre Gefühle besser sortieren, auch wenn sie Ihnen nie ganz zustimmen werden.

Nehmen Sie sich Zeit zum Zuhören

Sie haben zwei Ohren und einen Mund. Gute Eltern nehmen das als Hinweis Gottes und hören zweimal so viel zu wie sie reden. Wenn Sie eine Beziehung zu Ihren Kindern wollen, wenn Sie immer noch mit Ihren Kindern befreundet sein wollen, wenn diese erwachsen werden, nehmen Sie sich Zeit zum Zuhören. Zuhören heißt, dass Sie mit all Ihrer Energie zuhören und zu erspüren versuchen, was Ihre Kinder zu sagen haben. Urteilen Sie nicht vorschnell. Legen Sie sich nicht schon beim Hören zurecht, was Sie sagen werden, wenn Ihre Teens fertig sind. Hören Sie *richtig* zu. Zwingen Sie sich, sich Zeit zu lassen.

Zuhören heißt auch, dass Sie sich in den Zeitplan Ihrer Kinder eingliedern. Häufig lesen unsere älteste Tochter Holly und ich am späteren Vormittag gemeinsam Zeitung. Wir plaudern über nationale und internationale Nachrichten und lernen uns dabei recht gut kennen. Da Holly jedoch eine Nachteule ist, führen wir unsere besten Gespräche am späten Abend. Sie schläft gerne bis zum Mittag und denkt sich nichts dabei. Die beste Zeit, um mit Holly zu reden, ist abends vor dem Schlafengehen.

Auf der anderen Seite ist die kleine Lauren für gewöhnlich als Erste wach und kuschelt gern frühmorgens mit ihrem Vater. Ich stehe auf, mache mir einen Kaffee, schaue mir das Morgenmagazin an, und dann kommt Lauren auf meinen Schoß, schmiegt sich an mich und fragt: „Papi, können wir umschalten?" Meistens sage ich: „Na klar." Wir schauen uns einen Zeichentrickfilm an, ich kraule Laurens Rücken, mache ihr etwas zum Frühstück und fahre sie dann zur Schule. Unsere besten Gespräche haben wir manchmal im Auto auf dem Schulweg.

Zuhören heißt also nicht nur, einfach stumm vor unseren Kindern zu sitzen, sondern herauszufinden, um welche Tageszeit sie sich am ehesten öffnen, um genau dann für sie da zu sein. Jedes Kind ist anders. Gute Manager passen sich an all ihre Angestellten an; dasselbe gilt für gute Eltern. Versucht man, am Frühstückstisch mit einer Nachteule zu diskutieren, schafft man nur Enttäuschung und Zorn, keine gute Stimmung.

Respektieren Sie ihre Entscheidungen

Das ist hart. Schließlich wissen wir doch am besten, welche Sachen unseren Kindern am besten stehen; wir wissen, mit welchen Freunden sie sich treffen sollten; wir wissen, welche

Freizeitaktivitäten für sie am besten sind. Wir wissen alles, was unsere Kinder tun, sagen und sein sollten. Warum können sie sich nicht einfach unterordnen und uns ihr Leben leben lassen?

Eines Abends verkündete unser damals fünfzehnjähriger Sohn Kevin, dass er sich einen Ohrring zulegen werde. Ich schaute meine Frau an, sie schaute mich an und wir vereinbarten ohne Worte, erst einmal nichts zu sagen. Aber natürlich konnte ich das nicht gänzlich ignorieren. Was meinen Sie also, wer beim nächsten Abendessen mit den Ohrringen seiner Frau am Tisch saß?

Genau.

Zuerst bemerkte Kevin meinen Schmuck nicht, da er sein Essen hinunterschlang. Plötzlich bekam er ganz schmale Augen, starrte meinen Kopf an und sagte: „Du siehst total bekloppt aus."

Es ist ungeheuer hilfreich, wenn Sie strittige Themen mit Humor angehen können.

Ich machte eine Handbewegung, als wolle ich mein Haar hoch streichen, und erwiderte: „Wirklich? Also, deiner Mutter gefällt's."

Damit erlosch in Kevin jeglicher Wunsch, sich irgendein Loch in den Kopf machen zu lassen!

Aber im Ernst: Weder meine Frau noch ich hätten ihm den Ohrring verboten. Sind ja schließlich seine Ohren. Wenn er sich eine Blechbüchse an ein Ohr hängen will, nur zu. Ich will aus einem Floh keinen Elefanten machen.

Je nach Ihrer Mentalität ist es ungeheuer hilfreich, wenn Sie solche Themen mit Humor angehen können. Vielfach lösen sie sich dann von selbst und Sie brauchen Sie nicht zu großen oder auch nur kleinen Konflikten aufzubauschen.

Zu den härtesten Aufgaben für uns als Eltern gehört es, unsere Kinder und ihre Entscheidungen zu respektieren. Wir gehen manchmal davon aus, dass sie die verkehrten Entscheidungen treffen – und eine Zeit lang tun sie es vielleicht auch. Doch wenn wir sie richtig erziehen, kommen sie auf lange Sicht auch wieder zur Vernunft. Es gibt eine interessante Studie mit Grundschulkindern, die einen Monat lang in der Schulkantine alles essen durften, was sie wollten. Natürlich holten sich die Kinder anfangs gezielt den Nachtisch und die Süßigkeiten. Doch nach ein paar Tagen kehrten sie zu einer traditionellen und sehr ausgewogenen Ernährung zurück.

Heranwachsende machen nichts lieber, als uns auszutesten. Sie probieren absichtlich Dinge aus, von denen sie wissen, dass wir sie nicht mögen, nur um zu sehen, ob wir sie lieben, auch wenn wir anderer Meinung sind als sie. Ein SPD-Mitglied sollte sich nicht wundern, wenn sein Sohn sich einen Button der Christdemokraten ansteckt. Die Jugendlichen wollen, dass wir ihre Entscheidungen respektieren und uns ihre Meinung anhören. So steckt denn auch hinter der Rebellion unserer Teenager in erster Linie der Wunsch danach, respektiert zu werden. Ob ihre Meinungen nun richtig oder falsch sind, sie wollen angehört, ernst genommen und respektiert werden.

Glauben Sie mir: Ich habe mit unzähligen Eltern gesprochen, die diesen Rat beherzigt haben. Die meisten von ihnen konnten feststellen, dass ihre Kinder als Erwachsene mehr wie Mutter oder Vater waren, als die Eltern je zu hoffen oder denken gewagt hatten. Ich kenne sogar einen konservativen Politiker, dessen Sohn, der sich in jungen Jahren für die Demokraten stark machte, seinem Vater mittlerweile vorwirft, zu *liberal* zu sein.

Bitten Sie um Entschuldigung

„Liebe bedeutet, sich nie entschuldigen zu müssen."
Dieses Schlagwort aus den 1970er-Jahren taucht von Zeit zu Zeit noch in meinem Sprechzimmer auf – und es ist grund-

verkehrt. Allzu viele Eltern meinen, sie dürften nie Grund haben, sich bei ihren Kindern zu entschuldigen, da sie ihnen irgendwie „überlegen" seien. Falsch! Wir machen alle Fehler; wir vermasseln alle mal etwas. Und dann sollten wir genau das Passende sagen: „Tut mir Leid. Entschuldige bitte."

Ich habe gesehen, wie die rebellischsten Kinder wie Butter dahinschmolzen, wenn Mutter oder Vater schließlich sagen: „Ich war dir gegenüber zu grob. Entschuldige bitte." Wir mögen zwar der Auffassung sein, unsere Kinder respektieren uns nicht, wenn wir zugeben, dass wir unsensibel, grausam, gemein oder vergesslich waren. Doch wir müssen sehen, dass wir mit einem solchen Bekenntnis in der Achtung unserer Teenager wachsen. Um Verzeihung zu bitten, eröffnet unseren Kindern ungeahnt viele Wege, sich uns anzuvertrauen.

Respektieren Sie ihre Privatsphäre

Emotionen brechen über Heranwachsende regelrecht herein wie Sturzbäche. Die sexuellen Regungen werden stark. Ihre Teenager versuchen ein Gefühl dafür zu bekommen, wer sie sind. Daher ist es für Ihre Kinder jetzt wichtig, dass Sie sich etwas zurücknehmen und ihnen ihre Privatsphäre lassen. Eltern können nur schwer damit umgehen, dass der oder die Kleine nicht mehr auf ihrem Schoß sitzen oder mit der Familie wegfahren oder an Familienaktivitäten teilnehmen will. Sie könnten vielmehr den Eindruck bekommen, dass Ihre Teenagerkinder nur noch an einer Schlafstelle im Haus und Essen auf dem Tisch interessiert sind, damit sie ihr umtriebiges Leben fortführen, endlos telefonieren und ihren schulischen Verpflichtungen nachkommen können. Doch bei alledem arbeiten sie an ihrer Unabhängigkeit, während sie noch unter dem Schutz Ihrer Liebe und Fürsorge leben. Unterstützen Sie das und respektieren Sie ihre Privatsphäre.

Drücken Sie sich klar und verständlich aus

Da Jugendliche und Erwachsene in unterschiedlichen Generationen aufwachsen, ist das Potenzial für Missverständnisse hoch. Kleine Unstimmigkeiten und selbst einfache Missverständnisse können schnell zu erbitterten Kämpfen führen. Lassen Sie es nicht so weit kommen. Folgendes ist einer Gemeinde, die ich kenne, passiert:

Eine kleine Gemeinde auf dem Lande bemühte sich über ein Jahr lang um einen Kandelaber für ihre Sakristei. Sie hatten schon viel Werbung dafür betrieben und besaßen auch die Zustimmung des Ausschusses für Gemeindeausgaben. Doch gemäß Gemeindesatzung musste eine Ausgabe in dieser Höhe von 100 Prozent der Gemeindeversammlung genehmigt werden.

Der Ausschussvorsitzende trat vor und bat abzustimmen. Alle bis auf einen alten Bauern stimmten für die Anschaffung des Kandelabers. Der Vorsitzende legte noch einmal dar, wie dringend man doch einen Kandelaber bräuchte, und rief dann erneut zur Abstimmung auf. Wieder war der Bauer der Einzige, der seine Zustimmung verweigerte.

Unendlich enttäuscht fragte der Vorsitzende schließlich den Bauern, warum er als Einziger keinen Kandelaber kaufen wolle.

Der Alte entgegnete: „Die Gemeinde braucht so viele andere Sachen, zum Beispiel einen ordentlichen Leuchter in der Sakristei."

Es wurde hörbar nach Luft geschnappt und etwas gekichert. Dann erläuterte der Vorsitzende, was ein Kandelaber überhaupt ist. Das nächste Votum fiel dann natürlich einstimmig aus.

Drücken Sie sich Ihren Kindern gegenüber klar aus. Seien Sie aufrichtig. Vergewissern Sie sich, dass Sie einander verstehen.

Tun Sie das Unerwartete

Sie hatten beide einen langen Tag. Alle wollten auf der Arbeit etwas von Ihnen. Sie kommen erschöpft und hungrig heim. Da das Mittagessen ausfallen musste, können Sie es kaum erwarten, etwas in den Magen zu kriegen. Mittwochs sind ja Ihre Kinder für das Abendessen zuständig. Beim Gedanken an eine gute Suppe, die sie kochen wollten, läuft Ihnen das Wasser im Mund zusammen.

Sie kommen zur Tür herein und Ihnen wehen keine appetitlichen Kochschwaden entgegen. Auch hören Sie kein Geschirr klappern, sondern nur einen Talkmaster im Fernsehen plappern. Sie gehen in die Küche und sehen, dass nicht nur kein Abendessen vorbereitet ist, sondern dass auch noch das Frühstücksgeschirr da steht.

In den meisten Familien ginge das Stück jetzt so weiter: Vater und Mutter würden schimpfen und toben, die Kinder würden sich reumütig (oder betont mürrisch) von der Couch erheben. Die Eltern gingen hinterher, würden die Ärmel hochkrempeln und ihren Kindern bei der Zubereitung des Abendessens helfen. Wenn Sie das einmal anfangen, können Sie sich regelmäßig darauf einrichten, denn Ihre Kinder ändern sich nie, wenn Sie ihnen das einmal durchgehen lassen.

Ich habe eine viel bessere Idee. Sobald Sie des erbärmlichen Zustands Ihrer Küche ansichtig werden, schnappen Sie sich den Autoschlüssel und Ihren Ehepartner und gehen essen, nur Sie beide. Und Ihre Kinder können sich selber versorgen. Diese Prozedur würde ich wiederholen, bis die Kinder endlich tun, was ihnen aufgetragen wurde.

Das wird auf die Dauer etwas teuer, mögen Sie einwenden.

Ja, genau da wird es lustig. Wenn Sie heimkommen, heften Sie die Restaurantrechnung an den Kühlschrank. Wenn die Kinder fragen, was die Rechnung da zu suchen hat, antworten Sie: „Tja, ihr hattet kein Abendessen gemacht, also mussten wir auswärts essen gehen. Aber es besteht kein Grund, warum wir für etwas bezahlen sollten, was ihr versäumt habt. Dieser Betrag plus Trinkgeld wird euch also vom nächsten Taschengeld abgezogen."

„Aber das ist doch mehr als drei Wochen Taschengeld!"

„Sicher. Ihr erwartet doch nicht etwa, dass wir nach einem langen Arbeitstag in einen Schnellimbiss gehen. Übrigens freuen wir uns schon auf den tollen Italiener, der demnächst in der Stadt aufmacht. Wir können es kaum erwarten, dass ihr wieder den ganzen Nachmittag vor der Flimmerkiste hockt und wir ein Abendessen spendiert bekommen!"

Wir müssen unsere Kinder auch für das verantwortlich machen, was wir von ihnen erwarten.

Ich garantiere Ihnen, dass Sie so eine Diskussion nur einmal zu führen brauchen! Die allwöchentlichen Kämpfe sind vorüber.

Es geht darum, dass wir die Kinder für das verantwortlich machen, was wir von ihnen erwarten. Manches können wir ihnen nicht einbläuen oder aufzwingen, aber wir brauchen uns auch nicht verschaukeln zu lassen. Das „Unerwartete" erzeugt einen Schock mit Langzeitwirkung.

Reden Sie über mögliche Probleme

Der Vater erfährt, dass die sechzehnjährige Jennifer zum ersten Mal allein mit einem Jungen ausgehen will. Voller Panik betritt er ihr Zimmer, wo sie sich gerade die Haare zurechtmacht.

„Was Ernstes, hm?", fragt er.

Jennifer errötet.

Jetzt ist Vater *erst recht* nervös. „Hör mal, Jennifer, Jungs können manchmal, tja, also, sie können manchmal, weißt du ..."

Jennifer schaut ihn an, als habe er den Verstand verloren – was sehr nachvollziehbar ist, weil ihr Vater sich tatsächlich so anhört!

„Also, Jennifer, weißt du, Jungs sind anders als Mädchen. Du musst irgendwie, hm, ja, auf dich aufpassen."

„Na klar, Papa."

„Ich bin froh, dass wir uns so gut unterhalten konnten, Jennifer."

Was wurde mit diesem Gespräch geregelt? Absolut nichts. Der Vater kommt etwa fünf Jahre zu spät damit an. Man muss mit den Kindern unbedingt über Gefahren und Herausforderungen reden, bevor sie hineingeraten. Mit Dreizehn- oder Vierzehnjährigen darüber zu reden, wie es ist, wenn sie mit sechzehn zum ersten Mal allein ausgehen, ist sehr sinnvoll. Ein dreizehnjähriges Kind verspürt – so hoffe ich – noch nicht so den Druck, mit einem Angehörigen des anderen Geschlechts auszugehen, sodass ein Gespräch ihn oder sie auf einer viel tieferen Ebene erreichen kann. Ihre Gerade-erst-Teenager reagieren noch nicht so gefühlsbetont und werden das, was Sie ihnen zu sagen haben, noch eher sorgfältig abwägen.

Reden Sie mit Ihren Kindern rechtzeitig über mögliche Gefahren und Herausforderungen – bevor sie hineingeraten.

Frühzeitig mit Ihren Kindern zu reden gibt ihnen auch genügend Zeit, in Ruhe über Entscheidungen nachzudenken, die sie einmal treffen müssen. Sie können vernünftig darüber befinden, wie sie sich gegenüber der hinreißenden Julia oder dem tollen Mark mit den strahlend blauen Augen verhalten. Sie werden stark gegenüber dem enormen Druck, wenn ihnen der erste Joint Marihuana oder der fünfte Whiskey auf der Rückbank im Auto eines Freundes angeboten wird.

Unmittelbar vor oder genau am Tag der ersten Verabredung ist es zu spät. In Kapitel 11 und 12 lesen Sie mehr zum Thema Ausgehen und wie Sie mit Ihren Jugendlichen über Dinge reden können, die sie wissen sollten.

Benehmen Sie sich nicht wie ein Teenager

Mancher von uns ist versucht zu glauben, dass wir uns mit unseren Kindern identifizieren, wenn wir uns nicht unserem Alter gemäß benehmen, und dass sie sich dabei wohl fühlen. Das Gegenteil ist der Fall. Kinder von Eltern, die versuchen, wie Teenager zu handeln, auszusehen und zu reden, erzählen mir, dass sie das befangen macht und peinlich berührt. Die meisten Jugendlichen wollen, dass wir wie Eltern handeln, aussehen und reden. Das ist unsere Rolle. Kumpel haben sie genug; sie brauchen Eltern. Da gibt es einen Unterschied.

Geben Sie Entscheidungsmöglichkeiten

Als Erwachsener muss man dauernd Entscheidungen treffen. Ist mein Auto mal wieder schmutzig, muss ich mich fragen: *Nehme ich mir am Samstag eine Stunde Zeit und wasche und poliere es, oder gebe ich sechs Euro für die Waschanlage aus.* Auf diese Frage gibt es keine richtige Antwort; es ist eine Frage der Präferenz und des Lebensstils.

Entscheidungen treffen muss man lernen. Geben Sie Ihren Kindern Gelegenheiten, es zu üben.

Wenn Ihre Teenager jammern, dass sie den Rasen mähen müssen, anstatt Skateboard fahren zu dürfen, lassen Sie sie entscheiden: „Es liegt an euch: Ihr könnt dem kleinen Tim von gegenüber acht Euro geben, damit er für euch Rasen mäht, oder ihr macht es selber. Ist mir ganz egal, solange es überhaupt gemacht wird. Aber denkt dran: Wenn ich es machen muss, stelle ich euch ein Anwaltshonorar in Rechnung."

„Wie hoch ist das?"

„Zweihundertfünfzig Euro die Stunde."

Damit rücken wir unseren Teenagern die Realitäten des

Lebens ins Bewusstsein. In der Welt gibt es echte Aufgaben, aber unterschiedliche Herangehensweisen. Unser Zuhause ist ein geschützter Raum, wo unsere Teenager lernen können, sich zu entscheiden.

Räumen Sie ihnen nicht den Schulweg frei

Wenn Sie sich in die Hausaufgaben und schulischen Aktivitäten Ihrer Kinder einmischen, sind 90 Prozent dieser Zeit so etwas wie negative Einmischung.

Sie haben richtig gelesen. Kinder sollten schon von früher Kindheit an lernen, dass sie – und nur sie allein – für ihre Schulleistungen und ihre Ausbildung verantwortlich sind.

Selbst Kindergartenkinder wollen ihre Eltern nicht allzu offensichtlich in der Nähe haben. Eine Mutter, die ich kenne, wollte die Kindergartengruppe ihres Sohnes auf einen Ausflug begleiten. Der kleine Junge sagte: „Setz dich bitte nicht neben mich." Kinder wollen ihren Schulalltag von ihrem Familienleben getrennt wissen.

Das heißt nicht, dass Eltern ihre Kinder nicht bei den Hausaufgaben ermutigen dürften oder dass sie nicht dafür sorgen sollten, dass sich ihre Teenager genügend Zeit für die Hausaufgaben frei halten. Doch Eltern sollten der Versuchung widerstehen, ihnen dabei zu helfen oder sie für sie zu machen oder irgendwie zu versuchen, ihnen bei schulischen Problemen die Kohlen aus dem Feuer zu holen.

Mir ist bewusst, dass meine Haltung vermutlich politisch inkorrekt ist; mag sein, dass Ihre Schule nicht mit mir übereinstimmt! Einmal arbeitete ich mit einem Vater, der buchstäblich erst auf den Tisch eines Schulleiters hauen musste, damit der seinen Sohn durchrasseln ließ. Der Junge hatte das ganze Schuljahr über nur Vieren und Fünfen gesammelt, doch die Schulleitung war so dreist zu sagen, sie werde ihn ins

nächste Schuljahr befördern, da sie meinten, es sei schädlich
für ihn, wenn er wieder mit jüngeren Schülern in einer Klasse
sitzen müsste.

Wie können wir unseren Kindern jemals Verantwortungs-
bewusstsein beibringen, wenn unser System ihnen vermittelt:
Ganz egal, was sie machen oder wie sehr sie danebenliegen, sie
kommen auf jeden Fall durch.

Geben Sie nicht mit ihnen an und stellen Sie sie nicht bloß

Jede Familie hat mindestens ein Kind, das begabt, klug, schlau
oder auf irgendeine Art herausragend ist. Manche Häuser sind
voll von solchen Kindern. Aber bitte: Verschonen Sie Ihre
Kinder und Ihre Freunde – bringen Sie Ihre Kinder nicht in
Verlegenheit, indem Sie mit ihren Fähigkeiten angeben.

Kinder legt man nicht so schnell herein. Sie wissen, wann Sie
mit ihnen angeben, und sie wollen nicht den „Affen machen",
der für ein paar Erdnüsse Kunststückchen vorführt, damit
Ihnen jedermann auf die Schultern klopft und Sie lobt, was Sie
doch für tolle Eltern sind.

Es ist verständlich und natürlich, auf die Errungenschaften
Ihrer Kinder stolz zu sein, und das kann man auch angemessen
zum Ausdruck bringen. Was Sie auch tun, bringen Sie Ihre
Geige spielenden oder akrobatisch begabten Kinder nicht in
Verlegenheit, indem Sie sie bitten, unvorbereitet vor anderen
aufzutreten. Mit Ihnen soll das ja auch keiner machen. Warum
also mit Ihren Teenagern?

Die andere Seite der Medaille ist: Stellen Sie sie nicht bloß.
Wenn Ihre Teenager etwas vermasseln oder Sie enttäuschen, ist
die Versuchung groß, sie vor ihren Freunden zusammen-
zustauchen. Wie kämen Sie sich denn vor, wenn das einer mit
Ihnen machen würde? Sie möchten auch nicht von einem

Menschen, den Sie lieben, vor Freunden lächerlich gemacht werden. Warten Sie also bitteschön, bis Sie mit Ihren Sprösslingen allein sind. Dann können Sie ihnen ruhig die Meinung sagen – zur rechten Zeit am richtigen Ort.

Stechen Sie nicht in offene Wunden

Die Teenager, mit denen ich in meiner Praxis rede, sind sich Ihrer Mängel schmerzlich bewusst. Sie halten sich für zu fett, zu doof, zu hässlich, zu dumm und zu unbeholfen, um jemals etwas zu erreichen. Ich rede nicht nur von den „Verlierern". Ich rede auch von den relativ beliebten Kindern, die doch vom Glauben geplagt werden, sie seien unzulänglich. Sie ziehen lächerliche Vergleiche: Das dünne Mädchen fragt sich, warum sie keinen BH mit D-Cup tragen kann, während das Mädchen, das D-Cup braucht, das dünne Mädchen um die schmale Taille beneidet. Der Mittelstürmer wünscht sich, er könne Golf spielen; der Golfspieler wäre gerne schnell genug, um ein Fußballtor zu stürmen.

Eins weiß ich: Teenager erkennen genug Mängel an sich und selbst solche, die praktisch gar nicht existieren, werden für sie zum Riesenproblem. Sie brauchen nicht auch noch Eltern, die sich auf jeden kleinen Fehler stürzen. Das Selbstwertgefühl ist während der Pubertät in der Regel auf einem Dauertief. Eltern, die das nicht wissen, können den verbliebenen Rest auch noch wegschnippeln. Jugendliche müssen an das erinnert und dazu ermutigt werden, was sie zu tun haben, doch sie brauchen keinen, der ihnen andauernd ihre Schwächen, Fehler und Mängel unter die Nase reibt.

Teenager finden selbst genug Mängel an sich – sie brauchen nicht auch noch Eltern, die jede Kleinigkeit kritisieren.

Spucken Sie ihnen nicht in die Suppe

„Mama, kann ich heute Abend zu dem Spiel?"

„Na meinetwegen, aber du weißt, welche Sorgen ich mir mache, wenn du im Dunklen draußen bist."

„Papa, kann ich heute mit Jim ins Kino?"

„Klar doch. Dann hat wenigstens einer von uns seinen Spaß heute. Ich bleibe daheim und jäte das Unkraut allein."

„Ihren Teenagern in die Suppe spucken" bedeutet, dass sie eine kleine Bemerkung anfügen, die keinen anderen Zweck verfolgt, als Ihren Kindern ein schlechtes Gewissen zu machen. Wenn ein Vater will, dass sein Sohn ihm beim Unkrautjäten hilft, sollte er ihm das unmissverständlich sagen, anstatt indirekt den Märtyrer zu spielen. Wenn eine Mutter nicht will, dass ihre Tochter nach Einbruch der Dunkelheit noch draußen ist, die Tochter aber alt genug dafür ist, sollte sie ihre Ängste für sich behalten, anstatt ihrer Tochter den Spaß zu verderben. In die Suppe zu spucken ist eine sichere Methode, Ihren Kindern Schuldgefühle einzupflanzen und einen Spaltpilz in die Beziehung zu Ihrem Kind einzupflanzen.

Ein Bibelvers ist hier für alle Eltern wegweisend – egal, welcher Konfession Sie angehören: Euer Ja sei Ja und euer Nein sei Nein (siehe Matthäus 5,37). Wenn Sie nicht wollen, dass Ihre Kinder irgendwohin gehen, lassen Sie sie nicht gehen. Wenn Sie beschließen, sie gehen zu lassen, lassen Sie sie gehen – ohne ihnen Schuldgefühle zu machen. Hü oder hott; so einfach ist das!

Halten Sie keine Vorträge

Viele von uns warten nur auf eine so unschuldige Einleitung wie: „Wie viel Uhr haben wir?", um stundenlang Ratschläge zu erteilen. Nun gehen Ihre Kinder aber schon fünf Tage die Woche zur Schule; ihre Aufnahmekapazitäten sind begrenzt.

Gönnen Sie ihnen den Spaß, sich ein Paar neue Skier zu kaufen, ohne ihnen die Gesetze der Aerodynamik zu erläutern.

Ich will meine Kinder nicht bei jeder sich bietenden Gelegenheit belehren. Vergisst Hanna beispielsweise ihr Pausenbrot und ich muss sowieso in Richtung Schule fahren, bringe ich es ihr einfach vorbei. Würde Hanna ihr Frühstück allerdings vier Mal die Woche vergessen, sähe die Sache anders aus. Bei jedoch nur gelegentlichen Aussetzern komme ich meinen Kindern genauso höflich entgegen wie jedem anderen – ich springe ein, ohne langatmige Vorträge zu halten.

Fassen Sie sich kurz.

Ich halte beispielsweise gelegentlich bei Burger King an und bringe meinen Kindern einen heißen Imbiss in die Schule. Eines Tages bat Hanna mich sogar ausdrücklich darum und ich willigte ein.

„Wann habt ihr große Pause?", fragte ich.

„Halb zwölf", antwortete Hanna.

Ich fuhr bei Burger King vorbei, kaufte zwei Cheeseburger mit einer Extraportion Pommes und war pünktlich um 11.30 Uhr an Hannas Schule.

Zu meiner großen Überraschung waren die Kinder noch im Klassenzimmer. Nach meiner Erfahrung mit Fast Food hat es eine Lagerfähigkeit von etwa fünfzehn Minuten. Heiß schmeckt es ja ganz gut; warm geht es auch noch so; aber kalte, vermatschte Pommes stehen wohl bei keinem ganz oben auf der Liste. Ich ging also wie ein Tiger im Käfig vor Hannas Klasse auf und ab, bis die Schüler endlich herauskamen. Es war 11.39 Uhr.

Ich stehe also mit meiner Burger King-Tüte da, als ein temperamentvolles Mädchen mich sieht und ihrer Freundin verkündet: „Mensch, toll! Das sollte *mein* Vater mal machen!"

Und, was sagen Sie *dazu*?

Endlich kam Hanna. „Hallo Schatz, wie geht's?", begrüßte ich sie. „Ach ja, ich dachte, die große Pause ist um halb zwölf."

„Hm, tut mir Leid. Sie ist *so gegen* halb zwölf."

„Ja, tut mir auch Leid, aber deine Cheeseburger werden wohl kalt."

Hanna bedankte sich für die Tüte und fragte: „Warum hast du mir zwei mitgebracht? Du weißt doch, dass ich nur einen esse."

„Meinst du nicht, du könntest jemand anderem noch eine kleine Freude machen?"

„Schon verstanden. Danke, Papa."

Hanna umarmte mich, gab mir einen Kuss und ging dann ihrer Wege. Ohne ihr eine Predigt zu halten, hatte ich ihr gezeigt, dass es wichtig ist, auch an die Freunde zu denken und aufmerksam zu sein.

Überschütten Sie sie nicht mit Lob

Die meisten von uns sind mit dem Gefühl aufgewachsen, dass Lob wichtig ist. Ich habe sogar schon Aufkleber mit dem Text gesehen: „Suche das Gute und lobe es." Das hört sich toll an, aber ich habe erfahren, dass Lob für Jugendliche sehr niederschmetternd sein kann. Das möchte ich erläutern.

Für mich gibt es einen Unterschied zwischen Lob und Ermutigung. Das hört sich vielleicht spitzfindig an, ist aber wichtig. *Lob* würdigt und bewertet, was ein Mensch *tut*, während *Ermutigung* ein Ausdruck reiner Wertschätzung ist für das, was ein Mensch *ist*.

Hier ist ein typischer Fall von Lob: Caroline kommt nach einem langen Einkauf heim und ist positiv überrascht, dass ihre dreizehnjährige Tochter die Küche sauber gemacht hat. In ungläubigem Staunen entfährt es Caroline: „Was bist du doch für ein Schatz! Das hast du toll gemacht! Ich liebe dich! Du bist eine fantastische Tochter!"

Was vermittelt die Mutter damit? Dass sie ihre Tochter liebt, weil diese etwas Bestimmtes getan hat, und dass ihr Wert an ihr Verhalten gekoppelt ist.

Anders dagegen Ermutigung in derselben Situation. Caroline geht in die blinkende und blitzende Küche und sagt zu Susan: „Hast du das gemacht? Schön, wenn man nach Hause kommt und alles ist so blitzeblank. Ich möchte, dass du weißt, dass ich sehr froh bin über deine Aufmerksamkeit. Danke, mein Schatz." Damit umarmt sie ihre Tochter.

Was vermittelt diese Ermutigung? Susan erfährt, dass ihre Mutter gemerkt hat, was sie getan hat, und dass sie ihre Aufmerksamkeit zu schätzen weiß. Man beachte aber, dass der Schwerpunkt auf der Aufmerksamkeit (wer sie ist) liegt und nicht auf ihrer Arbeit (was sie getan hat).

Die Gefahr am Lob für Heranwachsende liegt darin, dass sie sich geliebt oder geschätzt oder wertgeachtet fühlen, weil sie den Tisch decken oder gute Noten schreiben oder hervorragende Sportler sind, und das stimmt ja nicht. Wir lieben unsere heranwachsenden Kinder, egal ob sie eine Aufgabe erledigen oder lauter Einsen schreiben oder einen Sportwettbewerb gewinnen oder eben nicht.

Betrachten wir noch ein anderes Szenario für Lob und Ermutigung. Alex hat ein Fußballspiel und schießt ganze drei Tore. Sein Vater steht am Spielfeldrand und feuert ihn an. Nach dem Spiel geht der Vater zu seinem Sohn, klopft ihm auf die Schulter und sagt laut genug, damit es auch die Kameraden hören können: „Mensch Alex, du warst toll! Was bin ich doch für ein glücklicher Vater. Hast du den Typ gesehen, der Nachwuchs für die Bundesliga sucht? Der ist bestimmt auf dich aufmerksam geworden, mein Sohn. Klare Sache."

Was stimmt hier nicht? Da ist ein Vater, der stolz ist auf seinen Sohn. Er übertreibt vielleicht ein bisschen, aber was ist so schlimm daran?

Ich denke, der Vater misst den Wert seines Sohnes an dessen Leistung. Er bläht die Erwartungen auf, indem er verkündet,

Alex sei ein Kandidat für die Bundesliga. Der Druck ist ganz schön groß. Was ist, wenn Alex beim nächsten Spiel nur ein Tor schafft oder gar keins? Ist sein Vater dann immer noch begeistert? Wird sein Vater enttäuscht sein? Wird er ein unglücklicher Vater sein?

Wie könnte in dieser Situation Ermutigung aussehen? „Alex, das war ein tolles Spiel heute. Du fühlst dich bestimmt super. Du hast deine Mannschaft ganz schön vorangebracht. Ich bin so froh, dass ich hier sein konnte." Damit legt er seinen Arm um Alex und drückt seine Schulter.

Alex wird ermutigt, weil sein Vater bei dem Sieg seiner Mannschaft dabei war und weil er weiß, wie sich so ein guter Abend anfühlt. Aber ich glaube nicht, dass Alex den Eindruck hat, sein Vater würde enttäuscht, wenn er das nächste Spiel verpatzt. Er weiß, sein Vater liebt ihn, weil er sein Sohn ist – ob er nun drei Tore schießt oder gar keins.

Hören Sie sich einmal selbst zu, wenn Sie Ihren Kindern etwas Anerkennendes sagen: Zielen Sie auf die Leistung – oder auf die Person Ihres Kindes?

Wie bereits gesagt ist der Unterschied auf den ersten Blick nur schwer zu erkennen. Doch hören Sie sich einfach mal selber zu, wenn Sie Ihren Kindern verbales Feedback geben. Loben Sie (aufblähen, den Wert an der Leistung messen), oder ermutigen Sie (ehrliche Anerkennung dessen, wer Ihre Kinder sind)?

Ich möchte nicht, dass meine Kinder immer Menschen brauchen, die ihnen verbale „Streicheleinheiten" geben. Was passiert denn, wenn keiner in der Nähe ist, der sie ständig loben kann? Was passiert, wenn Ihre Kinder erwachsen werden und keine Ersatzmütter oder -väter finden, die sie streicheln? Wenn sie davon abhängig sind, werden sie nichts regeln können, wenn sie nicht dafür gelobt werden. Ich möchte Kinder, die sich selber motivieren können und die die Verantwortung für ihr Leben selbst übernehmen, auch wenn es schwierig ist.

Michael J. Fox, ein junger Schauspieler mit der Parkinson-Krankheit, sagte in einem Zeitschrifteninterview etwas sehr Tiefsinniges: „Mit einer chronischen Krankheit sieht man die Dinge anders ... Die Leute jammern so viel, dass sie missverstanden werden. ‚Keiner versteht mich.‘ Aber wissen Sie was? Das wird auch keiner. Der Mensch, der Sie am meisten liebt, denkt, wenn es hoch kommt, zehn Sekunden ausschließlich an Sie. Das ist nicht abfällig gemeint. Es heißt nur, dass Sie für Ihre eigene Erfahrung verantwortlich sind."[5]

> *Ich möchte Kinder, die sich selber motivieren können und die die Verantwortung für ihr Leben selbst übernehmen, auch wenn es schwierig ist.*

Solche Einsichten hört man nicht oft aus dem Munde eines Hollywoodstars! In der Welt draußen werden unsere Kinder nicht andauernd bemerkt. Niemand wird sehen, wie sie die kleinen Dinge verantwortungsvoll erledigen – beispielsweise das pünktliche Bezahlen von Rechnungen, das selbstverständliche Versorgen der Familie oder das Mähen des eigenen Rasens. Sie müssen sich selbst motivieren können. Übermäßiges Loben steuert dem entgegen.

Machen Sie aus einer Mücke keinen Elefanten

Haben Sie schon mal einen Fehler gemacht? Gab es Phasen Ihrer Arbeit, in denen Sie drei Projekte vermasselt und ein viertes mittelmäßig erledigt haben? Wollten Sie schon einmal das perfekte Essen kochen, doch heraus kam nur Pampe? Ich wette, ja. Daher meine Frage: Lassen Sie bei Ihren Kindern dieselbe Gnade walten wie bei sich selbst?

Was sagen Sie beispielsweise, wenn Ihr Sohn auf dem Zeugnis lauter Einsen und Zweien hat – bis auf eine Vier? Läuft Ihr Gesicht rot an und Sie schreien: „Oh nein, doch keine Vier! Wo kommt denn diese Vier her?" Besser wäre folgender Ansatz: „So

viele gute Noten und nur diese eine Vier! Freut mich, dass du
so gerne lernst. Du bist bestimmt stolz auf deine Leistung."

Ich gebe mir bei allem, was ich tue, größte Mühe, aber an
manchen Tagen läuft einfach alles schief. Manchmal, wenn ich
eine Radiosendung mache, fühle ich mich richtig „abgeho-
ben". Ich ziehe im richtigen Moment die passenden Vergleiche; mir fallen die besten Witze ein; keine Frage bringt mich
ins Schleudern. An anderen Tagen jedoch habe ich einen Kno-
ten in der Zunge, mit meinen Scherzen liege ich voll daneben
und meine Antworten sind kaum besser als nichtssagend.

Wenn ich das im Hinterkopf behalte, ist ein Zeugnis mit
einer Vier eine hervorragende Leistung. Die wenigsten von uns
sind vollkommen, aber viele Eltern fühlen sich bemüßigt, sich
auf die einzige Vier und nicht auf die vielen Einsen und
Zweien zu stürzen.

Begegnen Sie Ihrem Kind großzügig. Eine verschüttete Cola
ist kein Aufbegehren, es ist nur Ungeschicklichkeit. Halten Sie
ihnen keinen Vortrag, sondern geben Sie ihnen ein Kü-
chentuch und lassen Sie sie den Fleck aufwischen. Die Milch
zu lange draußen stehen zu lassen ist ärgerlich, aber es ist keine
nationale Katastrophe.

Es liegt an Ihnen. Soll das Klima in Ihrer Familie bestimmt
sein von Angenommensein, Ermutigung und Unterstützung
oder eher von Druck, Erwartungen und Perfektionismus?

Gehen Sie konstruktiv mit Konflikten um

Eins garantiere ich Ihnen mit absoluter Sicherheit und mit
Geld-Zurück-Garantie: Im Zusammenleben mit Heranwachsenden werden Sie Konflikte haben.

Wenn (nicht falls) sich ein Konflikt abzeichnet und Sie
dieses Unbehagen zwischen sich und Ihrem pubertierenden
Kind spüren, gehen Sie die Situation mit einer positiven Ein-

stellung an. Wählen Sie einen geeigneten Ort und einen passenden Zeitpunkt (also nicht vor ihren Freunden oder wenn sie zu aufgebracht sind, um objektiv zu diskutieren), wo Sie sich beide wohl fühlen und sachlich über den Konflikt diskutieren können.

Geben Sie Ihren Teenagern zunächst die Möglichkeit, ihre Sicht der Dinge zu erläutern. Wenn Ihre Tochter beispielsweise ihre jüngere Schwester mit Mehl überschüttet hat, fangen Sie so an: „Es interessiert mich ja schon, was du gedacht und empfunden hast, als du deine Schwester mit Mehl beworfen hast." Hat Ihre Tochter ihre Gefühle beschrieben und ihre Reaktion erklärt, *warten Sie einen Moment und nehmen Sie sich Zeit, alles zu überdenken*, bevor Sie antworten. Erst sollten Sie ganz genau verstehen, was sie zu sagen versucht.

Dann bitten Sie sie, sich Ihren Standpunkt anzuhören. Versuchen Sie so spezifisch wie möglich darzulegen, warum es Sie irritiert, dass Ihre jüngste Tochter wie ein Apfelkuchen mit Armen aussieht. Bleiben Sie nicht vage. Das schafft nur Raum für Fehlinterpretation und Ungenauigkeit. Werden Sie sehr spezifisch: „Ich verstehe ja, dass du sauer warst, als Sandra dir noch eine Tasse Mehl in deinen Teig gekippt hat. Aber ihr Mehl über den Kopf zu kippen ist keine angemessene Reaktion für eine Dreizehnjährige. Was meinst du, wie hättest du besser reagieren können?"

Ein guter Umgang mit Konflikten führt zu einer einvernehmlichen Lösung des Problems. Vielleicht müssen Sie Kompromisse oder Verhandlungen zulassen, aber das gilt für alles im Leben – Sie helfen Ihren heranwachsenden Kindern, wie Erwachsene zu handeln. Bestehen bei Ihnen oder Ihren Teens irgendwelche Zweifel, was erwartet wird, wenn die kleine Schwester das nächste Mal Unfug macht, nehmen Sie sich die Zeit und legen Sie es schriftlich nieder. Dann können sich alle darauf berufen und wissen genau, was erwartet wird.

So, nun wissen Sie Bescheid. Zwanzig Regeln, die Ihnen

helfen, die Pubertät Ihrer Kinder zu überleben. Wenn sich viel mehr Eltern an diese zwanzig Regeln halten würden, kämen viel weniger Familien zu mir oder meinen Kollegen in die Beratung. Große Probleme entstehen oft dadurch, dass wir die Kleinigkeiten ignorieren.

Doch in der Erziehung von pubertierenden Kindern geht es um weit mehr als darum, ein paar schlichte Weisheiten zu beachten. Jugendliche zwingen uns, drängende Themen anzugehen. Dazu gehört auch das Folgende, mit dem praktisch alle Eltern zu tun bekommen: Gruppendruck. Dieses Thema wollen wir im nächsten Kapitel behandeln.

Zur Erinnerung:

▶ Setzen Sie Ihre Regeln durch.
▶ Achten Sie auf Ihre Erwartungen.
▶ Akzeptieren Sie sie da, wo sie stehen.
▶ Nehmen Sie sich Zeit zum Zuhören.
▶ Respektieren Sie ihre Entscheidungen.
▶ Bitten Sie um Entschuldigung.
▶ Respektieren Sie ihre Privatsphäre.
▶ Drücken Sie sich klar und verständlich aus.
▶ Tun Sie das Unerwartete.
▶ Reden Sie über mögliche Probleme.
▶ Verhalten Sie sich nicht wie ein Teenager.
▶ Lassen Sie sie entscheiden.
▶ Räumen Sie ihnen nicht den Schulweg frei.
▶ Geben Sie nicht mit ihnen an. Stellen Sie sie nicht bloß.
▶ Stechen Sie nicht in offene Wunden.
▶ Spucken Sie ihnen nicht in die Suppe.
▶ Halten Sie keine Vorträge.
▶ Überschütten Sie sie nicht mit Lob.
▶ Machen Sie aus einer Mücke keinen Elefanten.
▶ Gehen Sie Konflikte positiv an.

3
Gruppendruck in kleiner Dosierung

Wenn Sie wie ich gerne Kaffee trinken, kennen Sie das leise plätschernde Geräusch, wenn der Kaffee aus dem Filter in die Kanne sickert – die Verheißung, dass der Kaffee bald fertig ist.

Schon in sehr jungen Jahren sickert etwas in Ihre Kinder hinein: Gruppendruck. Der Zwang, so zu sein wie alle anderen. Das kann schon in der Vorschule beginnen.

Wie Sie als Eltern schon frühzeitig mit Gruppendruck umgehen – dem Gruppendruck, den Ihre Kinder spüren, als auch den, den Sie empfinden – wird wesentlich dazu beitragen, wie Ihre Kinder mit Gruppendruck umgehen, wenn sie in die Pubertät kommen. Ich kenne eine Friseuse, die sich erstaunt darüber zeigte, was für Modefrisuren sie bereits Zehnjährigen verpassen muss. „Als ich in diesem Beruf anfing", erzählte sie mir, „war es noch unüblich, Teenagern die Haare zu färben. Jetzt kommen Mütter sogar schon mit ihren Grundschulkindern!"

„Ist das nicht schädlich für die Haare, wenn sie schon so früh chemisch behandelt werden?"

„Natürlich", räumte sie ein. „Doch sie beharren darauf, weil alle es tun."

Wer gibt hier dem Druck nach – die Mütter oder die Töchter? Vermutlich beide. Sie müssen sich eines vor Augen halten: Wie Sie mit Gruppendruck umgehen, das wird ganz entscheidend mitbestimmen, wie Ihre Kinder oder Jugendlichen damit umgehen. Was mich als Berater irritiert: Wenn Eltern selbst ständig dem Gruppendruck nachgeben und ihn sogar zwölf Jahre lang kultivieren – indem sie ihre Kinder mit den neuesten Markenklamotten, der neuesten Frisur und dem Neuesten überhaupt ausstatten – und dann plötzlich erwarten, dass sich ihr Kind von der Menge abhebt.

Es liegt in Ihrer Hand, Ihre Kinder entweder in jungen Jahren darauf vorzubereiten, sich gegen Gruppendruck zu wappnen, oder sie zu willigen Opfern zu machen, die mit den Wölfen heulen. In diesem Kapitel möchte ich aufzeigen, wie die Anfangsjahre Ihres Elterndaseins sich darauf auswirken, wie Ihre Söhne oder Töchter in der Pubertät werden.

Es fängt damit an, dass kluge Eltern ihren Kindern beibringen, wie sie „anders" sein können.

Trauen Sie sich, anders zu sein

Hallo, Eltern. Ja genau Sie meine ich: Alle Eltern, deren Kinder von Kopf bis Fuß den letzten Modeschrei tragen, auch wenn sie erst sechs oder sieben Jahre alt sind: Wissen Sie, was Sie Ihren Kindern eigentlich damit vermitteln? Sie sagen ihnen damit, dass sie beim Älterwerden immer so aussehen müssen wie alle anderen. Und? Wie sehen denn „alle anderen" aus? Wollen Sie das wirklich für Ihre Kinder?

Leider fängt dieses große Bestreben, wie alle anderen zu werden, mit jeder Generation anscheinend früher an. Andauernd kommt ein neues verrücktes „Muss" für die Kinder: Pokémon, Baby Born, Nintendo 64, Furby, Barbie, Diddl, Play Station 2.

Kluge Eltern zeigen ihren Kindern, wie sie „anders" sein können.

Außer einem einzigen Furby finden Sie im Hause Leman nichts von alledem, und zwar aus einem einfachen Grund: Ich halte es für gut, anders zu sein. Ich finde es heilsam, Kinder so zu erziehen, dass sie sich von der Menge abheben.

Wenn Ihr Sohn nicht „anders" ist, könnte sein Erwachsenenleben so verlaufen: Er heiratet und lässt sich nach wenigen Jahren wieder scheiden. Er wechselt ständig die Partnerin. Wenn er eine Frau heiratet oder zu ihr zieht, die bereits geschieden ist, verbindet sich sein Leben mit jemandem, den jemand anderes bereits „abgelegt" hat.

Wenn Ihre Tochter nicht „anders" ist, hatte sie mit Anfang zwanzig womöglich bereits ein halbes Dutzend Sexualpartner. Vielleicht holt sie sich eine sexuell übertragbare Krankheit. Durch ihre sexuellen Erfahrungen ist die Gefahr recht groß, dass ihre Ehe nicht hält, was zu einer Reihe zerbrochener Beziehungen führt.

All diese Scheidungen und wechselnden Partner laufen wiederum auf weitere Stiefgroßeltern und eine Nachkommenschaft heraus, die in drei bis vier Familien zu Hause ist. Für Sie als Großeltern wird es zunehmend schwieriger. Nicht nur, dass Sie vermutlich nicht alle Ihre Enkelkinder zu sehen bekommen, sondern Sie sehen sie gewiss nicht alle an einem Ort.

Dadurch kann das Leben recht unerfreulich und sehr kompliziert werden.

Ich halte es für *gut*, wenn Kinder anders sind. Wenn der Weg, den alle gehen, ins Verderben führt, sollen meine Kinder einen eigenen Weg einschlagen. Wenn ich meine Kinder so aufwachsen lasse, dass sie wie alle anderen werden – sie fernsehen lasse, was immer sie wollen, nicht merke, wenn sie vorehelichen Geschlechtsverkehr haben, sie von morgens bis abends herumrennen lasse, sodass die Familie niemals zusammenfindet, am Samstag oder Sonntag zu müde bin, um sie mit in den Gottesdienst zu nehmen – dann darf ich mich nicht wundern, wenn sie werden wie alle anderen.

Und dieser Gedanke erschreckt mich.

Wie kann man Kinder erziehen, die „anders" werden sollen? Es beginnt damit, dass die Eltern ein Klima der Liebe, des Annehmens, Vertrauens, der Bestätigung und der positiven Erwartungen schaffen. Meine Kinder wissen, dass ich sie liebe, aber sie wissen auch, dass ich das Beste von ihnen erwarte. Ich ziehe sie zur Rechenschaft und teile ihnen unverblümt meine *positiven* Erwartungen an ihr Verhalten und ihre Einstellungen mit. Es ist schon etwas anderes, wenn Eltern zu ihrem Sohn sagen: „Schatz, wir erwarten nicht, dass du wie alle anderen bist; wir erwarten, dass du anders bist." Das verleiht dem Sohn das Gefühl, etwas Besonderes zu sein – und das ist ein sehr gutes Gefühl.

Anstatt zu versuchen, Ihre Teenager den künstlichen, ständig wechselnden Normen der Gesellschaft „anzupassen", wie wäre es denn, wenn Sie ihnen helfen, in Ihre Familie „zu passen", die immer für sie da sein wird?

Seien Sie ein Ermutiger

Was Ihre Kinder jetzt von Ihnen brauchen, sind nicht überschwängliche Lobreden, sondern qualifizierte Ermutigung. Sie können Ihren Kindern ein unschätzbares Vermögen zukommen lassen: Nehmen Sie Anteil an ihrem Sport oder Hobby. Wenn sie Fußball spielen, bemühen Sie sich um die richtigen Begriffe wie „Abseits" oder „Seiten-aus". Sind Ihre Kinder Eiskunstläufer, finden Sie heraus, wo der Unterschied zwischen einem einfachen Lutz und einem einfachen Axel liegt.

Wenn Ihre Tochter andererseits Schach oder ein Musikinstrument spielt, zeigen Sie auch dafür Interesse. Ist Ihr Sohn bei den Pfadfindern, bewundern Sie seine Abzeichen und gratulieren Sie ihm aufrichtig zu seinen neuen Auszeichnungen.

Kurz gesagt: Zeigen Sie ihnen, dass Sie sich für sie interessieren. Dann ersparen Sie ihnen und sich selber viele Kämpfe.

Wenn Heranwachsende sich in ihrer Familie gut aufgehoben fühlen, haben sie keinen psychologischen Grund für anomales Verhalten! Es kostet Zeit, am Leben der Kinder aktiv teilzuhaben, doch es kann unter Umständen noch mehr Zeit kosten, nicht teilzuhaben. Wie oft schon habe ich mit Eltern gesprochen, die sich endlich Zeit für ihre Tochter nehmen –

nachdem sie schwanger geworden ist. Wenn Sie Ihren heranwachsenden Kindern kein Heim bieten, in dem sie sich geliebt, geachtet und umsorgt fühlen, brauchen Sie letztendlich viel mehr Zeit, die Kohlen wieder aus dem Feuer zu holen.

Jugendliche, die sich in ihrer Familie gut aufgehoben fühlen, haben keinen psychologischen Grund für auffälliges Verhalten!

Noch etwas anderes spricht dafür, Ihre Teenager zu ermutigen: Der Erfolgsdruck in der Schule wird von Jahr zu Jahr höher. Wenn die größte Sorge Ihres Sohnes anfangs war, ob er in der Schulfußballmannschaft aufgestellt wird, fragt er sich später, ob er das Abitur schaffen wird. Ihre Tochter, die sich früher sorgte, ob jemand mit ihr zum Abschlussball geht, hält jetzt Ausschau nach einem geeigneten Praktikumsplatz, um nachher eine viel versprechende Stelle zu bekommen.

In dieser anstrengenden Nicht-Fisch-nicht-Fleisch-Phase brauchen Ihre Kinder einen Ort der Zuflucht, an dem sie angenommen sind und Vertrauen erfahren. Zwischen sechzehn und fünfundzwanzig erfahren Ihre Kinder vielleicht mehr Ablehnung (Beziehungen, Schule, Stellenabsage) als in ihrem ganzen weiteren Leben. Wenn Ihr Sohn die Vermutung hegt, dass er mit seinen Ohren nicht attraktiv für die Damenwelt ist, braucht er Eltern, die ihn umarmen und ihm sagen, wie gut er aussieht. Wenn er keinen Ball trifft oder in Mathe versagt oder nicht besser als der Durchschnitt ist, braucht er starke Eltern, die ihm in die Augen sehen und ihm sagen können: „Junge, wir sind so stolz auf dich."

Die beste Art, dem einsickernden Gruppendruck standzuhalten, besteht darin, selbst keinem Gruppendruck nachzugeben und Ihren Kindern von klein an ein Gefühl der Zugehörigkeit und Ermutigung zu vermitteln. Wenn Sie dieses Problem erst in der Pubertät Ihrer Kinder angehen wollen, machen Sie es sich bedeutend schwerer.

Im nächsten Kapitel geht es um voll ausgeprägten Gruppendruck – und wie Sie damit umgehen können, wenn Ihre Kinder in der Pubertät sind. Doch erst einmal gilt:

Zur Erinnerung:
- Eltern, die ihre Kinder vor Gruppendruck in der Pubertät bewahren wollen, müssen es wagen, schon ihre Kleinkinder anders zu erziehen.
- Kinder brauchen kein leeres Lob, sondern qualifizierte Ermutigung.
- Kinder, die sich zu Hause daheim fühlen, haben nicht den dringenden Wunsch, zur falschen Clique zu gehören.

4
Planet Gruppendruck

Sie als Eltern heranwachsender Kinder waren bestimmt schon einmal genau so irritiert wie ich über eine Tochter, die mich früher als „grausam" bezeichnet hatte, weil ich darauf bestand, dass sie alle drei Tage duschen ging, und die jetzt drei Mal *am Tag* für jeweils zwanzig Minuten unter die Dusche steigt. Der achtjährige Junge, dessen Haare fünf Tage lang keinen Kamm zu sehen bekamen, braucht jetzt als Sechzehnjähriger dreißig Minuten, um seine Haare „einfach richtig" hinzubekommen. Der männliche Teenager von heute schmiert sich Gel ins Haar und lässt es sich sogar färben!

Diese übertriebene Sorge um das äußere Erscheinungsbild ist für viele Teenager eine schreckliche Belastung, da sie ja auch gerade in der Pubertät mit vielen körperlichen Problemen zu kämpfen haben: Hautunreinheiten, mangelnde Koordination und linkisches Sozialverhalten. Genau zur falschen Zeit sprießen ihnen ganze Bäume aus den Wangen und sie werden entstellt von Pickeln, Pusteln und roten Flecken.

Das quält Ihre Kinder umso mehr, da sie vermutlich wollen, wonach sich praktisch alle Jugendlichen sehnen: Perfektion. Töchter wollen aussehen wie Heidi Klum, den Verstand eines weiblichen Einstein und die Ausstrahlung einer Yvonne Catterfeld haben und so sportlich sein wie Steffi Graf. Söhne wollen Fußball spielen wie Miroslav Klose, golfen wie Tiger Woods, Humor haben wie Harald Schmidt und beliebt sein wie Günther Jauch.

Wenn sich Jugendliche durch körperliche Merkmale – und seien sie auch noch so geringfügig – von den anderen unterscheiden, passen Sie auf. Grausame Spitznamen sind bis heute leider nicht aus der Mode gekommen – und sie können sehr verletzen.

Davon kann ich ein Lied singen, denn meine Freunde aus Jugendtagen nannten mich Kraterkopf. Ich hatte zwei Windpockennarben auf der Stirn, was einer meiner „Freunde" witzig fand. Eines Abends verpasste er mir die Bezeichnung Kraterkopf. Natürlich lachte ich mit den anderen darüber. Natürlich weinte ich innerlich, denn es tat so weh.

Leider hatte ich auch meinen eigenen grausamen Zug. Es gibt eine Frau, bei der ich mich unbedingt entschuldigen möchte. Im achten Schuljahr hatte sie die flachsten Brüste aller Zeiten – ja, sie waren praktisch konkav – und zu ihrem dreizehnten Geburtstag schenkten wir ihr einen BH mit Schaumstoffeinlage. Mann, war das ein Gejohle, als sie ihn bei ihrer Feier vor versammelter Mannschaft auspackte. Mann, tut mir das weh, wenn ich daran denke, wie sehr wir dieses süße Mädchen verletzt haben müssen.

Fernsehen und Kino gaukeln unseren Jugendlichen vor, dass Perfektion möglich ist.

Noch so ein bedauernswerter Kerl in unserem Freundeskreis war Und-ihr-könnt-Harald-haben. Seinen Spitznamen hatte er weg, weil ihn immer keiner haben wollte, wenn Mannschaften zusammengestellt wurden. Er war unbedeutend, ein Niemand, auf den es nicht ankam.

Um für die Jugendlichen alles nur noch schlimmer zu machen, bekommen sie im Fernsehen vorgespielt, dass Vollkommenheit möglich ist. Selbst Models werden retuschiert, was bedeutet, dass sich die jungen Mädchen buchstäblich mit zusammengesetzten Computerbildern anstatt mit echten Menschen vergleichen. Jungs orientieren sich an Filmhelden, deren Handlungen jeder Ähnlichkeit zum wahren Leben entbehren und die von Stuntmen dargestellt werden, die wiederum computergestützte Hilfe erfahren. Und diese schlagfertige Antwort, die der Held immer auf den Lippen hat? Irgendein Drehbuchautor hat vermutlich drei Wochen an dieser perfekten Wendung gebastelt. Sie war alles andere als spontan.

Wenn wir dieses Streben nach Vollkommenheit verstehen, entschlüsseln wir eher „das große Geheimnis", wie ich es nenne.

Das große Geheimnis entschlüsseln

In seinem Buch *Endlich ... ich werde erwachsen*[6] erwähnt mein Freund und Kollege James Dobson die „finstere Schlucht" oder die „Qual der Minderwertigkeit". Wenn etwas typisch ist für heranwachsende Kinder, dann ist es das Minderwertigkeitsgefühl – jenes seltsame Empfinden, das sagt: „Auf der ganzen Welt ist keiner so hässlich wie ich, so unbeholfen wie ich, so unsportlich wie ich, hat keiner so viele Pickel wie ich ... Natürlich hilft es dem vierzehnjährigen Sohn auch nicht, wenn er ans klingelnde Telefon geht und die Person am anderen Ende der Leitung sagt: ‚Hallo, junge Dame, ist deine Mutter zu Hause?'"

Eltern haben manchmal keine Ahnung, wie sie damit umgehen sollen. Sie kommen in meine Praxis und sagen: „Gestern war meine Kleine noch so süß und hilfsbereit und liebenswürdig. Heute ist sie reizbar, streitsüchtig, launisch und unberechenbar. Wie kommt das?" Die meisten Kinder sind vor der Pubertät angepasst, glücklich, ausgeglichen und hilfsbereit. Doch scheinbar über Nacht verwandeln sie sich in ein hässliches, nachtragendes, launisches und geradezu respektloses Wesen. Was ist da geschehen?

Die Antwort lässt sich in einem Wort zusammenfassen: Minderwertigkeitsgefühle. Ich glaube, das Selbstwertgefühl ist in der Pubertät auf einem Dauertiefstand. Wenn ihnen anscheinend alles danebengeht, wenn Abweisung und Feindseligkeit und Spott und Versagen in hohem Maß zu Beschämung, Schmerz und Enttäuschung führen, reagieren Teenager damit, dass sie gegenüber denen ausschlagen, die ihnen am nächsten sind: Mütter, Väter und Geschwister. Heranwachsende würden es zwar nicht so zum Ausdruck bringen, doch ihre wahren Gefühle sehen so aus: *Das Leben ist wahnsinnig ungerecht zu mir. Niemals hatte es jemand auf der ganzen Welt so schwer wie ich – also habe ich das Recht, anderen auch das Leben schwer zu machen.*

Diese Schlucht der Minderwertigkeit hilft ein wenig, die verbale Grausamkeit zwischen pubertierenden Jungen und Mädchen zu verstehen. Jungen gehen schon mal in Gruppen auf ein Mädchen zu und sagen etwas Herzloses und Gemeines. Eltern dürfen das niemals durchgehen lassen, aber lassen Sie mich erläutern, wie es hinter den Kulissen aussieht. Die Jungen denken – bildlich gesprochen – *Töten oder getötet werden.*

Das Selbstwertgefühl ist in der Pubertät auf einem Dauertiefststand.

Sie verändern sich körperlich. Sie haben genau an den unpassendsten Stellen Pickel. Sie können es nicht mit erwachsenen Männern aufnehmen und sie sind noch nicht so weit entwickelt wie ihre Klassenkameradinnen. Sie haben schreckliche Angst, sie könnten „durchschaut", für unwürdig, nicht liebenswert, schwächlich, ja sogar bedauernswert befunden werden; also strengen sie sich sehr an, dass *andere* sich so fühlen.

Dieses Phänomen hat meine Frau und mich veranlasst, unserem Sohn Kevin mit allen Mitteln zu vermitteln, anders zu sein. Wir haben ihm beigebracht, dass Mädchen ihn mehr respektieren würden, wenn er sie respektvoll und freundlich behandelte. Kevin erfuhr Anerkennung, indem er mit anderen reif und rücksichtsvoll umging, nicht indem er sie quälte.

Überlässt man Kinder sich selber, werden sie von dem „riesigen gesellschaftlichen Magneten" beiseite gezogen.

Der gesellschaftliche Magnet

Es gibt einen riesigen sozialen Magneten, der Ihre Kinder in die Richtung zieht, in der sie so werden wie alle anderen. Teenager vom Beginn bis zum Ende der Pubertät möchten unbedingt beachtet werden – und dafür tun sie so einiges. Es gehört zu den größten Sorgen von Eltern, zu beobachten, welch erschreckend großen Einfluss die Clique auf unsere Kinder hat. Jugendliche bemühen sich verzweifelt, Gleichaltrige zu imitieren, die moralischen Einstellungen und Normen der Massen zu übernehmen. Einmal hatte ich einen jungen Mann vor mir, der in der Schule eine 180-Grad-Kehrtwende hinter sich hatte. Innerhalb weniger Monate wurde er vom Einser-Schüler zum Sitzenbleiber. Als er sich mir schließlich öffnete, gab er zu, seine abrupte Verhaltensänderung rühre daher, dass er sich unter dem enormen Druck sehe, sich seinen Klassenkameraden zu beugen und schlechte Noten zu bekommen. Als guter Schüler war er als Streber verschrien, und das war er einfach leid.

Jugendliche wollen unbedingt dazugehören und von den Gleichaltrigen anerkannt werden. Sie können die Zugkraft der Clique vermindern, aber es wird Ihnen kaum gelingen, sie ganz auszuschalten.

Den Einfluss der Meinung der Gleichaltrigen auf unsere Kinder kann man kaum zu hoch einschätzen.

Hier einige anfängliche Schritte, die Sie dem Gruppendruck entgegensetzen können:

Schaffen Sie ein Gefühl der Zugehörigkeit

Was können Sie tun, um Ihre Kinder durch den Abgrund der Minderwertigkeit und weg von dem sozialen Magneten zu führen? Das Schwierige daran ist: Gerade dann, wenn Ihre Kinder sich bewusst von Ihnen absetzen, müssen Sie alles daransetzen, ein Zusammengehörigkeitsgefühl zu schaffen.

Wenn sich ein pubertierendes Mädchen geliebt fühlt und weiß, dass sie zu einer Familie gehört, wird sie nicht so leicht dem Drängen ihres Freundes nachgeben, ihre Liebe dadurch zu „beweisen", dass sie Sex mit ihm hat. Vielmehr wird sie das Vertrauen und den Selbstrespekt haben, ihm zu antworten: „Eigentlich solltest du mir *deine* Liebe beweisen und warten, bis wir verheiratet sind." Sie wird nicht zulassen, dass ein Junge sie ausnutzt oder missbraucht, da das ihrem Selbstbild widerspräche.

Der allerbeste Schutz gegen Gruppendruck liegt darin, ein Zusammengehörigkeitsgefühl in Ihrer eigenen Familie zu schaffen. Das heißt auch, Ihre Kinder in ihren aushäusigen Aktivitäten gelegentlich zu bremsen. Wenn Kinder ständig weg sind, haben Sie nicht die Gelegenheit, ein Zusammengehörigkeitsgefühl zu Hause und innerhalb der Familie zu schaffen.

Der allerbeste Schutz gegen Gruppendruck: Sorgen Sie für ein Zusammengehörigkeitsgefühl in Ihrer eigenen Familie.

Die Wahrheit ist: Teenager wollen sogar, dass Sie sich in Ihr Leben einmischen, auch wenn sie nicht den Anschein erwecken. Das mag zwar gegen althergebrachte Weisheiten verstoßen, trifft aber zu. Ich habe mit einigen der rebellischsten Jugendlichen gesprochen, die man sich vorstellen kann, und vielfach haben sie sich einfach so verhalten, um die Aufmerksamkeit ihrer Eltern zu erlangen. Wenn das nicht klappte, solange sie „gut" waren, haben sie eben versucht, im Gefängnis zu landen oder schwanger zu werden. Traurigerweise funktioniert ihr Trick häufig. Es wäre nicht das erste Mal, dass eine Sechzehnjährige schwanger wird, bloß damit Mutter und Vater sich wieder „um sie kümmern".

Wenn Ihre Kinder das Gefühl der Zugehörigkeit nicht in Ihrer Familie erleben, suchen sie sich eine andere „Familie", zu der sie gehören können – die Clique. Haben sie sich dem Kreis erst einmal angeschlossen, werden sie fast alles unternehmen, um wie alle anderen zu sein.

Unterstützen Sie enge Freundschaften

Seien wir ehrlich: Unsere Kinder brauchen Gleichaltrige, die sie respektieren, sie mögen und Zeit mit ihnen verbringen wollen. Als Eltern können wir diese eine besondere Freundschaft fördern und unterstützen. Mit etwas Hilfe von Ihrer Seite werden Ihre Teenager eine besondere Bindung zwischen sich und einer Freundin oder einem Freund entdecken – jemand, der zu ihnen steht, wenn sie eine Entscheidung zu treffen haben, die vielleicht den Gruppennormen nicht entspricht.

In dieser schnelllebigen Zeit kann es vorkommen, dass ein Paar plötzlich entdeckt, dass es ja schon seit fünfzehn Jahren ein Elternpaar ist, aber buchstäblich kaum etwas mit den Kindern unternommen hat (außer sie pünktlich zum Fußball, Ballett oder Tennis zu bringen). Und gerade dann, wenn sie in ihrem Beruf so weit sind, dass sie sich etwas mehr Zeit für die Kinder nehmen *könnten*, treten diese in eine Phase ein, in der sie nicht unbedingt etwas mit den Eltern machen möchten; jetzt ist der Freundeskreis dran.

Teenager wollen im Grunde, dass Sie sich in ihr Leben einmischen, auch wenn sie so tun, als sei das nicht so.

Um dem entgegenzuwirken, laden Sie die Freunde Ihrer Kinder zu sich nach Hause ein. Ihre Söhne und Töchter sollen gerne zu Hause mit ihren Freunden „abhängen". Schlagen Sie ihnen vor, einen Freund oder eine Freundin mit in den Kurzurlaub zu nehmen.

Ja, dafür müssen Sie auch Opfer bringen. Sie müssen einen schier unendlichen Vorrat an Knabberzeug und Getränken bereithalten. Und der Hausherr kann nicht in Boxer-Shorts und T-Shirt herumlaufen – doch das ist die Sache wert.

Helfen Sie Ihren Kindern so früh wie möglich, enge, unterstützende Freundschaften zu schließen. Ist Ihre dreizehnjährige Tochter gern mit dem Mädchen zusammen, das sie im Handballteam kennen gelernt hat, bieten Sie ihnen an, die Freundin extra abzuholen, damit die beiden Mädchen mehr Zeit miteinander haben. Wenn sie erst ihren Führerschein haben, können sie sich selbstständig auf den Weg zu ihren Freunden machen, aber kluge Eltern fördern starke, positive Beziehungen, bevor die Kinder in dieses Alter kommen.

Bringen Sie das Opfer

Wie viele Stunden – oder Minuten – verbringen Sie täglich mit Ihren Kindern? Hinweis: Zeitunglesen beim Frühstück zählt nicht. Ihre Kinder im Auto befördern, während das Radio plärrt, zählt auch nicht. Und auch nicht gemeinsames Fernsehen. Ich rede von tatsächlichem Miteinander. Wäre es eine zu große Zumutung für Sie, diese Zeit eine Woche lang einmal zu notieren – damit Sie sehen, wie wenig das ist?

Es geht nicht ohne Prioritäten. Wenn Sie ausreichend Zeit mit Ihren Kindern verbringen wollen, muss etwas anderes ausfallen.

Wir reden ausgiebig von „Quality Time" mit unseren Kindern – Zeit, bei der es auf eine intensive Begegnung ankommt, nicht (wie bei der „Quantity Time") auf die Dauer; doch alles, was unsere Kinder verstehen, ist „Zeit". Sie müssen einfach mit ihnen zusammensein, tagein, tagaus an ihrem Leben Anteil nehmen. Natürlich wird Eltern dadurch aufgebürdet, ihr eigenes Leben zu überprüfen. Wenn Sie beträchtliche Zeit mit Ihren Kindern verbringen wollen, muss etwas anderes zurückstehen. Wenn Sie vorhaben, drei Abende pro Woche in der Gemeinde tätig zu sein, sich ehrenamtlich in zwei oder drei Vereinen zu betätigen, regelmäßig Sport zu treiben oder bis abends spät zu arbeiten, dann wird es keine gemeinsame Zeit mit Ihren Kindern geben.

Ja, es stimmt. Ich bitte Sie, Opfer zu bringen. Klare Prioritäten zu setzen. Ich meine, es lohnt sich, in den achtzehn Jahren, die Ihre Kinder bei Ihnen leben, andere Aktivitäten hintanzustellen.

Nehmen Sie intensiven Anteil am Leben Ihrer Teenager

Sabine hatte eine siebzehnjährige Tochter namens Sarah. Sarah war sehr beliebt und hatte viele Verabredungen – kein Wunder bei ihrem Aussehen (eine echte Gottesgabe, innerlich wie äußerlich). Doch seit vier Monaten ging sie nun ausschließlich mit Gregor.

Sabine und Sarah redeten über alles – und damit meine ich alles. Sabine weiß beispielsweise genau, an welchem Tag Gregor und Sarah sich das erste Mal einen Zungenkuss gaben. Sie weiß auch, wie Sarahs Verabredungen laufen, was mit Sarahs Freunden los ist und wie es in der Schule läuft.

Eines Tages erschien Gregor zu einer Verabredung, als Sarah noch nicht fertig war. Als Sabine mit Greg im Wohnzimmer saß, entfuhr es Gregor: „Frau J., was ist denn mit Sarah los? Ich kriege sie einfach nicht rum."

Wenn das jemand zu mir über eine meiner Töchter gesagt hätte, wäre ich geneigt gewesen, ihm eine Lötlampe in die Jeans zu halten. Er hätte mehr „gekriegt", als ihm lieb gewesen wäre, das können Sie mir glauben.

Sabine jedoch ging viel besser mit der Situation um, als ich es je gekonnt hätte. Es wäre stark untertrieben zu sagen, sie wäre schockiert gewesen. Doch sie schaffte es, sich zusammenzureißen, Gregor anzuschauen und zu sagen: „Du und ich, wir müssen uns mal unterhalten." (Das ist zwar kaum zu glauben, aber dieses Gespräch fand tatsächlich statt.)

„Als ich siebzehn war", begann Sabine, „hasste ich Sauerkraut. Schon der Geruch war mir zuwider. Allein beim Gedanken daran wurde mir schlecht. Jetzt bin ich einundvierzig und ich liebe Sauerkraut.

Du weißt bestimmt, dass Sarah und ich eine gute Beziehung zueinander haben. Ich weiß sogar, dass meine Tochter darüber nachdenkt, heute Abend mit dir Schluss zu machen. Sie ist es nämlich leid, dass du sie andauernd zum Sex nötigen willst. Es muss in deinen Kopf hinein, Gregor, dass meine Tochter versucht, dir mitzuteilen, dass sie noch nicht bereit ist für Sex. Und ich hoffe, ich erziehe sie so, dass sie sich noch nicht bereit fühlt, bis sie eines Tages heiratet.

Ich weiß, wie sie sich gerade fühlt. Sie teilt dir klar und deutlich mit, dass sie kein Sauerkraut mag und dass sie im Moment nichts von Sauerkraut wissen will. Und da du ihren Gefühlen gegenüber so unreif reagierst, wird sie dich womöglich nicht mehr sehen wollen, selbst wenn sie sonst gerne mit dir zusammen ist."

Gregor war schockiert, dass ein Erwachsener so offen und ehrlich zu ihm sein konnte. Seine Eltern hatten nie so freimütig mit ihm über Sex gesprochen und er wusste nicht genau, wie er damit umgehen sollte. Doch er hatte offenbar Gefallen an dieser Offenheit gefunden, denn ein paar Wochen später hatte er wieder ein Gespräch mit Sabine.

„Meine Jungs vom Fußballverein", sagte er, „löchern mich nach jeder Verabredung und fragen, ob ich einen Treffer gelandet habe. ‚Na, wie viele Tore hast du geschossen? Eins? Zwei?'"

Wieder redete Sabine einfühlsam mit Gregor darüber, wie er am besten reagieren könne. Sie öffnete ihm die Augen dafür, wie falsch es ist, junge Frauen dafür zu benutzen, bei den männlichen Freunden Punkte zu machen. Sie machte auch *sehr* deutlich, dass Gregor Sarah verlieren würde, sollte er versuchen, sie auf diese Art auszunutzen und mit seinen Freunden über seine Verabredungen zu sprechen.

Als Gregor ganz klar war, dass es vorehelichen Sex mit Sarah nicht geben würde, nahm ihre Beziehung eine Wende um 180 Grad. Gregor konnte dem Gruppendruck widerstehen, da er etwas Besseres gefunden hatte, als mit den Jungs „herumzualbern" – eine echte, intimere (im eigentlichen Sinn des Wortes) Beziehung zu Sarah. Sie konnten ihr Zusammensein genießen und Spaß miteinander haben ohne die Gefühlsverwirrung, die Ängste und Spannungen, die junge Pärchen sonst oft belasten, die Geschlechtsverkehr haben.

Offenbar war Sabine außerordentlich stark in Sarahs Leben eingebunden – sonst hätte das nie so laufen können. Meistens reden junge Mädchen mit ihren Freundinnen, nicht mit ihrer Mutter. Aber da Sarah und Sabine eine so starke Beziehung verband, konnte die Mutter direkt auf das Leben zweier heranwachsender Menschen einwirken.

Wenn ich einen Mutter-des-Jahres-Preis zu vergeben hätte, ginge er an Sabine, die der Versuchung widerstand, einen jungen Mann in der Luft zu zerreißen, sondern die sich zu ihm setzte und ihm guten, weisen Rat gab, als er ihn wirklich brauchte. Sie ersparte ihrer Tochter nicht nur die Ängste, die unweigerlich auf zu frühen und nicht gewollten Sex folgen, sondern sie veränderte auch die Einstellung eines jungen Mannes zu jungen Frauen grundlegend.

Teenager, die dem Gruppendruck nachgeben, tun das meist gegen ihren eigenen Willen, aus Mangel an besseren Alternativen.

Nun wäre es schön, wenn alle Eltern mit ihren heranwachsenden Kindern wirklich über alles sprechen könnten. Aber so gute Beziehungen ergeben sich nicht von selbst. Es ist harte Arbeit, man muss gut zuhören und einige persönliche Opfer bringen. Sie müssen nicht nur für Ihre Kinder dasein.

Sie müssen ihnen auch so offen und wohlwollend begegnen, dass sie sich Ihnen anvertrauen wollen. Sie müssen sorgfältig und zuverlässig die Grundlage für gegenseitiges Verstehen, gegenseitigen Respekt und bedingungslose Liebe schaffen.

Wenn Teenager dem Gruppendruck nachgeben, dann geschieht es, das ist meine Überzeugung, eher unwillentlich – aus Mangel an besseren Alternativen. Immerhin kam Gregor zu Sabine, nachdem er in ihr eine gute Gesprächspartnerin gefunden hatte. Ich bin überzeugt, Jugendliche wollen, dass wir uns für ihr Leben interessieren – vorausgesetzt wir heißen unsere Teenager auch in unserem eigenen Leben willkommen.

Wählen Sie die Umgebung aus

Mehr denn je haben Eltern heute die Auswahl, wo ihre Kinder die meisten Stunden des Tages verbringen. Als ich klein war, gingen alle Kinder aus meiner Umgebung in dieselbe öffentliche Schule. Heute gibt es Privatschulen, Konfessionsschulen und sogar verschiedene Ausrichtungen der öffentlichen Schulen.

Als kluge Eltern achten Sie sorgfältig darauf, wo Ihre Kinder fünf bis sieben Stunden ihrer Zeit pro Tag verbringen. Sie brauchen die Lehrer und auch die Mitschüler nicht „einfach zu akzeptieren".

Als kluge Eltern achten Sie sorgfältig darauf, wo Ihre Kinder fünf bis sieben Stunden pro Tag verbringen.

Ich kenne beispielsweise eine Mutter, deren Tochter von drei Mädchen gehänselt wurde, die dafür bekannt waren, dass sie alle hänselten. Als die Schulleitung davon erfuhr, wurden die drei Mädchen im nächsten Schuljahr auf unterschiedliche Klassen verteilt und ihre kleine Clique somit gesprengt.

Zu Ihrer Aufgabe als Eltern gehört es, das Umfeld, in dem Ihre Kinder aufwachsen sollen, zu schaffen, zu beeinflussen und zu formen. Ja, es kostet Zeit, die Lehrer kennen zu lernen, sich über Unterrichtsinhalte schlau zu machen und lang genug mit Ihren Kindern zu reden, um genau zu erfahren, was hinter dem Rücken der Lehrer passiert. Doch das gehört zum Elternsein dazu.

Anstatt Ihre Kinder einfach zum Fußball oder Turnen anzumelden, schauen Sie erst einmal, ob die Team- oder Kursleiter verantwortungsbewusste Erwachsene sind und ob die Mitspieler zu Ihren Kindern passen, also ob Sie wollen, dass Ihre Kinder mit ihnen ihre Zeit verbringen. Das dauert. Aber es lohnt sich.

Ich meine damit nicht, dass Sie Ihre Kinder isolieren oder unrealistisch vor dem wirklichen Leben „schützen", sondern ich meine, dass Sie positive Vorbilder aussuchen, von denen Ihre Kinder lernen können, sich ihre eigenen Freunde und Einflüsse auszuwählen. Alle Eltern sind auch „Privatlehrer". Eltern sind die besten Lehrer, die Teenager jemals haben werden.

Sorgen Sie für Stabilität

Der Gruppendruck wird am unerträglichsten, wenn Kinder radikale Veränderungen ihres Lebens durchmachen müssen. Charakterlich stabile Kinder können mit etwas Gruppendruck umgehen, doch nach meiner Erfahrung brechen Kinder, die noch andere Probleme zu bewältigen haben, unweigerlich ein.

Richard war ein guter Baseballspieler und ein recht charakterfestes Kind, das noch nie in ernste Probleme verwickelt war. Doch dann ließen sich Richards Eltern scheiden und seine Mutter zog mit ihm aus seiner Heimatstadt – wo er bekannt und beliebt war – in einen anderen Teil des Landes.

Richards Mutter hatte nie gedacht, dass sie je „psychologischen Beistand" für ihren Sohn suchen müsste. Doch sie kam zu mir, als Richard ernstlich mit dem Gesetz in Konflikt geraten war. Er war an einem bewaffneten Raubüberfall beteiligt gewesen und gestand auch noch über ein Dutzend Wohnungseinbrüche.

Er war erst siebzehn.

Ich will damit nicht sagen, dass Richard nicht in solche Schwierigkeiten geraten wäre, wenn sich seine Eltern nicht hätten scheiden lassen. Das *werde* ich nicht sagen, aber ich bin versucht, es zu tun – versucht deswegen, weil genau das im Verlauf von Richards Therapie herauskam. Die Scheidung seiner Eltern beschäftigte ihn gefühlsmäßig mehr als alles andere. Richard meinte, das Leben sei ungerecht ihm gegenüber und habe ihm einen ordentlichen Schlag versetzt. Daher, so folgerte er, habe er zurückschlagen dürfen.

Die Auswirkungen der Scheidung wurden durch den Umzug noch verschlimmert. 99 Prozent aller Jugendlichen haben Probleme, in eine neue Clique hineinzukommen, und Richard war da keine Ausnahme. Er hatte Schwierigkeiten, sich in einer ganz neuen Umgebung zurechtzufinden. Richard war zwar ein guter Baseballspieler, doch die Saison fing erst im Frühjahr wieder an, sodass er anfangs über den Sport keine neuen Freundschaften schließen konnte. Daher fühlte er sich sehr isoliert und einsam.

Isolation und Einsamkeit sind der ideale Nährboden für größtmöglichen Gruppendruck.

Isolation und Einsamkeit sind der ideale Nährboden für größtmöglichen Gruppendruck. Eines Tages saß ein Junge neben Richard, mit dem er sich in seiner Heimatstadt nicht abgegeben hätte. Aber jetzt sehnte Richard sich so nach Freundschaft, dass er diesen Jungen nach der Schule besuchte.

Endlich!, dachte Richard. Ein Freund!

Dieser „Freund" stellte Richard anderen Freunden vor, und bevor er sich's versah, willigte er ein, ein Fluchtfahrzeug für einen bewaffneten Raubüberfall zu steuern – und das alles, um einfach dazuzugehören.

„Du brauchst keine Waffe in die Hand zu nehmen, Richard. Wir bitten dich bloß darum, das Auto zu fahren."

Als ich das letzte Mal Kontakt zu Richard hatte, saß er noch immer im Gefängnis.

Jugendliche sind äußerst empfänglich für Gruppendruck – insbesondere, wenn ihre Familie auseinander gerissen wird. Wenn es nicht unbedingt notwendig ist, sollte man sie nicht in eine andere Schule stecken, weit weg von ihren Freunden. An Eheproblemen zu arbeiten ist besser, als sich zu schnell auf eine Scheidung einzulassen. Je mehr Veränderung Sie in das Leben Ihrer Kinder bringen, desto anfälliger werden sie für Gruppendruck.

Übernehmen Sie die Rolle des „Sündenbocks"

Jana kam ins Haus gerannt. „Mama, kann ich heute Nachmittag ein bisschen in der Gegend rumfahren?"

„Mit wem, Schatz?", fragte die Mutter.

„Mit ein paar Studenten, die wir letzten Freitag beim Sport kennen gelernt haben."

„Kommt nicht in Frage!"

„Och, Mama."

„Nein, Liebes. Ich kenne diese Jungs nicht und lasse dich nicht mit Typen losziehen, die schon Anfang zwanzig sind, während du gerade mal sechzehn bist!"

Jana ging hinaus zu ihren Freunden und sagte: „Ich darf leider nicht. Meine vorsintflutlichen Eltern wollen mir das Leben vermiesen!"

Wissen Sie was? Innerlich fielen Jana gerade ein paar Steine vom Herzen. So ganz geheuer war ihr die Vorstellung nicht gewesen, mit ein paar Studenten, die sie kaum kannte, durch die Gegend zu fahren, doch es war ihr peinlich, das zuzugeben. Sie wollte keine Spielverderberin sein und war total erleichtert, dass ihre Mutter diese Rolle übernahm.

Ihre heranwachsenden Kinder werden es Ihnen zwar vermutlich nicht direkt sagen, doch ich habe in zahlreichen Beratungen festgestellt, dass Teenager häufig hoffen, dass ihre Eltern zu riskanten Unternehmungen nein sagen. Dann können sie selbst wieder unbefangen zu ihren Freunden gehen und sind aus dem Schneider. Oftmals wollen Jugendliche bestimmte Sachen mit Gleichaltrigen gar nicht unternehmen, doch gleichzeitig haben sie oft nicht den Mut, sich hinzustellen und zu sagen: „Nein, ich will das nicht."

> *Manchmal brauchen Teenager das Nein der Eltern als Alibi gegenüber den Gleichaltrigen.*

Lieber fragen Teenager ihre Eltern um Erlaubnis und benutzen sie als „Sündenbock". Wenn die Eltern nein sagen, sind die Kinder aus dem Schneider! Die Freunde werden verständnisvoll und mitfühlend nicken. Schließlich wissen sie ebenfalls, wie es ist, mit archaischen Wesen zu leben, die Relikte des neunzehnten Jahrhunderts sind.

Das kenne ich aus eigener Erfahrung. Eines Nachts schlief ich tief und fest, als eine Hand mich wachrüttelte: „Papa, ich bin's, Krissy. Kann ich das Auto haben?"

Ich öffnete ein Auge und spähte auf den Radiowecker. Seine Leuchtziffern sagten mir, dass es zwei Uhr früh war. Ich war zwar nicht wach, konnte aber unmissverständlich sagen: „Nein, du kannst das Auto nicht haben. Es ist zwei Uhr früh. Geh schlafen."

Das war alles, woran ich mich bis zum Aufstehen erinnerte. Beim Frühstück sagte ich zu Krissy: „Ich bin mir nicht ganz sicher, aber ich glaube, du warst heute Nacht bei mir im Zimmer und hast gefragt, ob du den Wagen haben kannst."

Krissy schaute von ihrem Müsli auf und sagte: „Ja, war ich.

Ein paar von den Leuten, die über Nacht da waren, wollten in die Stadt, Pizza essen."

„Ihr könnt doch um zwei Uhr nachts nicht umherirren und eine Pizzeria suchen, die die ganze Nacht geöffnet hat!", sagte ich.

„Natürlich, Papa. Ich wusste ja, dass du es mir nicht erlauben würdest. Aber ich musste dich fragen, damit du nein sagen konntest, und dann konnte ich ihnen sagen, dass ich nicht durfte, und dann stand ich wieder gut da."

Beiben Sie fest, wenn Sie mit Gruppendruck konfrontiert werden. Sie handeln damit im Sinne Ihrer Kinder – und öfter als Sie ahnen sogar mit deren Zustimmung.

Ich dachte darüber nach und sagte: „Stets zu Diensten, wenn ich dir aus der Patsche helfen kann." Nach einer kleinen Pause fügte ich hinzu: „Aber möglichst nicht wieder morgens um zwei, okay?"

Liebe Eltern, bleiben Sie fest, wenn Sie mit Gruppendruck konfrontiert werden. Sie handeln damit im Sinne Ihrer Kinder – und öfter als Sie ahnen sogar mit deren Zustimmung.

Noch einmal: Pubertät ist nicht tödlich!

Der beste Freund meiner Teenagerzeit hieß Moonhead. Als Jugendliche lungerten wir im Sommer an den Dorfstraßen herum und warteten gespannt darauf, dass ein Autofahrer eine Zigarettenkippe aus dem Fenster schnippte. Wir rannten los, holten uns die Kippe und nahmen lange, langsame Züge und fühlten uns dabei zwei Meter zwanzig groß und mindestens volljährig.

Warum haben wir das gemacht? Ich nehme an, dafür gab es eine Menge Gründe – um ein Zusammengehörigkeitsgefühl zu schaffen, um Gleichaltrige zu beeindrucken, um uns erwachsener zu fühlen. Als Teenager wusste ich nicht, wie schädlich das Rauchen sein kann – also rauchte ich, bis ich zweiundzwanzig war.

Als Jugendlicher habe ich ein paar schreckliche Sachen gemacht. Sie haben bisher nur einen Bruchteil erfahren. Aber wenn Sie heute meine Mutter fragen könnten: „Sind Sie stolz auf Kevin?", würde sie sagen: „Oh ja. Sehr. Ich wünschte, ich hätte seine Bücher lesen können, als ich ihn zu erziehen hatte!"

Ich habe eine Menge Ärger gemacht, aber dann ist doch noch etwas aus mir geworden. Ich weiß, wovon ich rede, wenn ich behaupte, Pubertät ist nicht tödlich, selbst wenn es sich so anfühlt. Kinder machen Fehler, aber manchmal lernen sie aus diesen Fehlern und gehen trotzdem ihren Weg. Sie können keine Vollkommenheit erwarten.

Sehen Sie es doch einmal so: Wir können über Gruppendruck unter Jugendlichen reden, aber wenn wir mal ehrlich sind, dann sind wir Erwachsenen da doch auch nicht ganz so widerstandsfähig wie wir gern wären, oder? Wir wissen, dass es nicht gesund ist, zwanzig oder dreißig (oder fünfzig oder sechzig) Pfund Übergewicht mit uns herumzuschleppen – und trotzdem futtern wir weiter vor dem Fernsehen und treiben keinen Sport mehr.

Meine Erfahrung mit Teenagern besagt: Sie wissen, dass vieles, was sie tun, nicht wirklich gut ist für sie, aber sie haben nicht die Selbstachtung, die Selbstbeherrschung oder die Selbstdisziplin, um zu widerstehen. Das Beste, was Sie für Ihre Teenager tun können ist, ihnen genau diese Eigenschaften vorzuleben. Wenn Sie rauchen, zu viel trinken oder rund um die Uhr schlafen, bewirkt es kaum etwas, wenn Sie Ihren Kindern sagen, sie sollen nicht das tun, was Sie tun, sondern Sie sollten lieber das tun, was Sie sagen.

Zur Erinnerung:

▸ Erkennen Sie das eigentliche Problem: den Abgrund der Minderwertigkeit.

▸ Schaffen Sie ein Zusammengehörigkeitsgefühl in der Familie.

▸ Fördern Sie enge Freundschaften.

▸ Bringen Sie Opfer, um mehr Zeit für Ihre Kinder zu haben.

▸ Nehmen Sie intensiv Anteil am Leben Ihrer Kinder.

▸ Suchen Sie das Umfeld aus, in dem Ihre Kinder aufwachsen.

▸ Sorgen Sie für Stabilität.

▸ Übernehmen Sie die Rolle des „Sündenbocks".

5
Ein Leben wie im Märchen

Als ich mich wegen meiner Gallensteine operieren lassen musste, war der Arzt verpflichtet, mich über alle Risiken im Zusammenhang mit dieser Operation aufzuklären. Da das Gesetz den Ärzten vorschreibt, alles eingehend zu erläutern, wurde ich aschfahl, als ich mir jede mögliche Komplikation anhörte, die bei einer Operation auftreten könnte, die ich bis dahin für einen kleinen Eingriff gehalten hatte. Nach einem solchen Arztbesuch hätte ich leicht denken können, mein letztes Weihnachtsfest läge bereits hinter mir und mein Leben gehe dem Ende zu.

In diesem Sinne fühle ich mich als Psychologe verpflichtet, Sie über die Risiken aufzuklären, die eintreten könnten, sollte Ihre Familie auseinander brechen. Ich zögere etwas, dieses Thema schon so früh anzubringen, doch wie Sie sehen werden, hat meine Philosophie darüber, wie man Kinder zu lebenstüchtigen Menschen erzieht, ihren Mittelpunkt im Zuhause. Wenn Ihre Ehe zerbricht, sind Ihre Kinder bereits einigen Risiken ausgesetzt.

Die Kosten

Ich möchte nicht grausam sein, aber doch offen und ehrlich, für den Fall, dass Sie irgendwann einmal eine Scheidung ins Auge fassen sollten. Ist eine Scheidung für Sie unabwendbar, sollten Sie sich auch über den Preis im Klaren sein, den Ihre Kinder werden zahlen müssen.

Zugegeben: Nach weit verbreiteter Meinung lassen sich Väter ersetzen und daher ist eine Scheidung keine große Sache. Die Bühnenautorin und Pulitzer-Preis-Gewinnerin Wendy

Wasserstein verkündete öffentlich, dass sie allein ein Kind haben werde – sie habe so viele männliche Freunde, dass sie davon überzeugt sei, dass es keinem ihrer Kinder an ‚Vätern' mangeln werde.[7]

Doch schauen wir uns die Fakten an. In Deutschland lebten 2001 1,5 Millionen allein Erziehende mit minderjährigen Kindern. Das sind etwa 16 Prozent aller Lebensgemeinschaften mit Kindern. Die Tendenz ist leicht steigend. Es sind zu 87 Prozent die Mütter, die allein erziehend sind. 17 Prozent der allein erziehenden Mütter mit minderjährigen Kindern waren auf die Sozialhilfe angewiesen. 42 Prozent aller Haushalte mit Kindern waren nicht-eheliche Lebensgemeinschaften, wobei nicht unterschieden wurde, ob beide Partner zugleich Eltern aller bei ihnen lebenden Kinder waren.[8]

Nach einem Bericht des amerikanischen Gesundheitsministeriums leben über 25 Prozent aller amerikanischen Kinder – das sind 17 Millionen – nicht mit ihrem Vater zusammen. 1996 waren 42 Prozent aller Haushalte mit allein erziehenden Müttern arm – im Vergleich zu 8 Prozent mit zusammenlebenden verheirateten Eltern. Mädchen ohne Vater werden mit einem Wahrscheinlichkeitsfaktor von 2,5 eher schwanger und sind zu 53 Prozent eher selbstmordgefährdet. Jungen ohne Vater sind zu 63 Prozent eher geneigt, von zu Hause wegzulaufen, und zu 37 Prozent, Drogen zu nehmen. Sowohl Jungen als auch Mädchen sind doppelt so stark gefährdet, im Gefängnis zu landen, und vier Mal so stark, Hilfe wegen emotionaler Probleme oder Verhaltensauffälligkeiten zu benötigen.[9] Eine weitere Studie mit 22 000 Kindern fand heraus, dass heranwachsende Mädchen zwischen zwölf und siebzehn Jahren, die von ihrer Mutter allein erzogen wurden, fast zu 50 Prozent eher geneigt waren, zu illegalen Drogen, Alkohol oder Tabak zu greifen als Mädchen mit beiden biologischen Elternteilen.[10]

Traumatisiert von ihrer eigenen vaterlosen Erfahrung schrieb

Jonetta Rose Barras ein Buch: *Whatever Happened to Daddy's Little Girl?* („Was ist bloß mit Papas kleinem Mädchen passiert?"). Als Barras acht Jahre alt war, waren bereits drei Männer aus ihrem Leben verschwunden – mit verheerenden Folgen: „Ein Mädchen, das von dem ersten Mann in ihrem Leben verlassen wurde, lebt in dem übermächtigen Gefühl, der Liebe eines Mannes unwürdig und unfähig zu sein", schreibt Barras. „Selbst wenn sie die Liebe eines anderen erfährt, hat sie dauernd und intensiv Angst, sie zu verlieren. Das ist die Angst, der Schmerz, *einen* Vater zu verlieren. Mich haben drei Väter von sich geschleudert; die geballte Wirkung war katastrophal."

Barras fügt hinzu: „Wenn es stimmt, dass ein Vater dazu beiträgt, das Vertrauen seiner Tochter zu sich selbst und zu ihrer Weiblichkeit zu entwickeln; dass er dazu beiträgt, Art und Verständnis der Mann-Frau-Beziehung in ihr zu gestalten; dass er sie in die Welt da draußen einführt und den Kurs für ihren beruflichen Erfolg absteckt – dann ist die Folgerung unstreitig, dass das Ausbleiben dieser Lektionen eine zutiefst verwundete und in ihren Fähigkeiten eingeschränkte Frau hervorbringt."

Dieser Bericht bestätigt, was ich in meiner Praxis häufig sehe. Frauen, die ohne Vater aufwuchsen, schlagen sich häufig mit Gefühlen der Wertlosigkeit herum; haben große Ängste (insbesondere Verlassensängste); verlegen sich manchmal aufgrund ihrer Sehnsucht nach Intimität auf Promiskuität und versuchen es häufig mit einer „Überkompensation" ihrer Minderwertigkeitsgefühle, indem sie übermäßig arbeiten, während die Intimität auf der Strecke bleibt. Barras schreibt: „Das Streben nach Perfektion ist die Weise, auf die die vaterlose Tochter dem Vater, der sie verlassen hat, kundtut, dass es sein Schaden ist. Wir sind die Klassenbesten. Wir schaffen den Durchbruch ... Doch das ist nur ein Schutzschild, ein Werkzeug, mit dem wir jeden davon abhalten, uns nahe genug zu kommen, um die Verzweiflung zu sehen."[11]

Wir wissen schon lange, dass junge Frauen, die in einem Heim ohne biologischen Vater aufwachsen, ernste emotionale Folgen zu tragen haben. Jüngst entdeckten Forscher auch einige bestürzende körperliche Auswirkungen.

Frühzeitiger Eintritt in die Pubertät: Zu schnell erwachsen werden

Nach einer neueren Studie[12] kommen Mädchen, die ihren leiblichen Vater zu Hause haben, deren Vater aufmerksam und liebevoll ist und deren Eltern eine harmonische Beziehung führen, später in die Pubertät.[13]

Das finde ich sehr bemerkenswert: Mädchen mit einem Vater, von dem sie Zuwendung erfahren, kommen später in die Pubertät. Warum das gut ist? Der vorzeitige Eintritt in die Pubertät kann zu zahlreichen gesellschaftlichen Problemen führen wie beispielsweise frühe Sexualkontakte und Schwangerschaft von Teenagern. Eine Studie führt aus, dass das Fehlen des leiblichen Vaters die biologische Uhr einer jungen Frau *schneller* gehen lässt.[14]

Die nächste Folgerung ist zwar nur eine Vermutung, doch glauben die Forscher, dass die Pheromone eines Vaters (Pheromone sind „chemische Botenstoffe mit Signalcharakter innerhalb einer Gruppe von Individuen einer Art"[15]) den Beginn der Geschlechtsreife eines Mädchens hinauszögern. Die Anwesenheit eines nicht mit ihr verwandten Mannes (ob Lebensgefährte oder zweiter Ehemann ihrer Mutter) bewirkt das Gegenteil, beschleunigt also den Reifeprozess. Je jünger das Mädchen war, als der nicht verwandte Mann zu ihrer Mutter zog (oder umgekehrt), desto früher setzt bei ihnen die Pubertät ein.

> *Der leibliche Vater lässt sich nicht einfach ersetzen.*

Die Autoren des zitierten Artikels erläutern: „Die Qualität, in der sich Väter in die Familie einbringen, erwies sich als bedeutendstes Merkmal der nahen Familienumgebung relativ zum Pubertätseintrittsalter von Töchtern." Ich darf mich für das Fachchinesisch entschuldigen und klar und deutlich ausdrücken: Von allen Einflüssen der Umwelt auf das Eintreten der weiblichen Pubertät steht der Einfluss des Vaters an erster Stelle.

Umgekehrt können das mangelnde Interesse und die fehlende Anteilnahme eines Vaters gravierende Folgen haben. Wissenschaftler fanden heraus, dass „frühe pubertäre Reife, gefährliches Sexualverhalten und frühe Erstschwangerschaft und Geburt Komponenten einer integrierten Fortpflanzungsstrategie sind, die sich zum Teil aus mangelnder väterlicher Zuwendung ableiten lässt".

David Blankenhorn folgert: „Wie lassen sich diese Erkenntnisse erklären? Stiefväter oder Lebenspartner der Mutter werden mit einem höheren Level an Stress, Funktionsstörungen und zwischenmenschlichen Konflikten assoziiert. ... Während die Aura eines Vaters die geschlechtliche Entwicklung eines Mädchens verlangsamt, hat die Aura eines nicht verwandten Mannes anscheinend genau den entgegengesetzten Effekt."

Entsprechend lautet Blankenhorns Zusammenfassung: „Wenn wir wollen, dass junge Mädchen Geschlechtsverkehr und Schwangerschaft hinausschieben, ist ein liebevoller leiblicher Vater zu Hause besser als ein nicht verwandter Mann."[16]

Machen Sie sich nichts vor. Auf Kinder und Jugendliche wirkt es sich nachteilig aus, wenn eine Ehe zerbricht und der leibliche Vater geht. Leider bleibt es nicht allein dabei. Und junge Erwachsene zahlen den Preis.

Ältere Jugendliche zahlen den Preis

Dr. Marvin Olasky, Professor an der Universität von Texas und Herausgeber des World Magazins, kann aus nächster Nähe die Auswirkungen von Scheidung auf junge Erwachsene (Studenten) betrachten. Er unterrichtet Gruppen von 250 bis 400 Studenten, und was er von ihnen zu lesen bekommt ist herzzerreißend.

Eine Warnung, auch wenn sie unpopulär ist: Für die Scheidung der Eltern zahlen die Kinder einen hohen Preis.

Hier ein Beispiel: „Meine Eltern ließen sich scheiden, als ich sieben Jahre alt war. Wie die meisten Kinder konnte ich nicht verstehen, wie etwas so Grässliches meiner Familie zustoßen konnte. Ich war ‚Papas kleines Mädchen‘ und hatte große Probleme damit, dass mein Vater nicht mehr mit meiner Mutter, meiner Schwester, meinem Bruder und mir zusammenlebte."

Die Studentin führte weiter aus, wie verheerend sich die Scheidung auf ihre Lebensweise auswirkte: „Aufgrund der Scheidung musste meine Mutter arbeiten gehen, was sie während ihrer Ehe nie getan hatte. Das hat mich alles sehr mitgenommen. Da meine Mutter in der Stadt arbeitete, ging sie morgens um 5 Uhr aus dem Haus und brachte unterwegs meinen kleinen Bruder in die Kindertagesstätte. Meine Schwester war schon ein paar Schuljahre weiter als ich und verließ zwei Stunden vor mir das Haus. Bei so viel Zeit ging die Fantasie manchmal mit mir durch. Ich bekam auf einmal Todesangst. Ich hatte schreckliche Panik, ich würde sterben und es wäre keiner da, um mir beizustehen."

Eine andere junge Frau sprach darüber, wie die Scheidung ihrer Eltern ihr das Interesse am Glauben genommen hatte: „Meine Schwestern stritten miteinander, meine Mutter mit meinen Schwestern, meine Schwestern mit meinen diversen Stiefvätern, und dann gab es da auch noch mich. Als jüngste von vier Schwestern setzte ich mich still in eine Ecke und wartete, bis alles vorüber war. Ich hörte das Geschrei in der Nacht und weinte heimlich. ... Als Kind war ich oft in der Kirche, aber jetzt bin ich schon lange nicht mehr gegangen."

Die aufschlussreichsten Worte kommen vielleicht jedoch von einer Studentin, deren Eltern schon über fünfundzwanzig Jahre verheiratet waren. Da sie in einer stabilen Familie mit beiden Elternteilen aufgewachsen sei, meinte diese Studentin, sie habe ein „Leben wie im Märchen" gehabt.

Sie können nicht erwarten, dass Ihre Teenager keine Probleme haben, wenn in Ihrem eigenen Leben gerade Chaos herrscht.

Olasky schloss: „Man beachte unbedingt, dass für viele Studenten heute das, was früher die Ausnahme war, jetzt die Regel ist, und das, was normal war, heute wie eine Märchenwelt wirkt. ... Manche Studenten von achtzehn oder einundzwanzig kommen sich vor, als wären sie schon vor langer Zeit geboren und als seien sie zumindest teilweise verlassen worden. Sie würden liebend gern neu geboren und im Arm gehalten werden."[17]

Manchmal sage ich zu Eltern, die eine Scheidung erwägen, etwas, das sich sehr hart anhört, das aber eine erstaunliche Wirkung hat. Ich erwarte nicht, dass sie es umsetzen – aber sie sollen darüber nachdenken.

Was ich sage, ist Folgendes: „Sie möchten sich wirklich scheiden lassen? Gut. Ich möchte, dass Sie heimgehen, Ihr kleines Töchterchen auf den Schoß nehmen, ihr eine Haarsträhne aus dem Gesicht streichen und ihr direkt ins Gesicht sagen, dass sie nicht mehr mit ihr zusammenleben werden. Wenn Sie das können, sind Sie bereit für eine Scheidung."

Kein Ersatz

Anna kam zu mir, als ihre Teenagerkinder jede Menge Ärger hatten. Die eine Tochter war schwanger; die andere war von zu Hause weggelaufen und im Gefängnis gelandet. „Wie bringe ich diese ausgeflippten Kids wieder auf die rechte Bahn?", fragte sie eindringlich.

Mir fiel es schwer, die Ruhe zu bewahren. Ich wusste, dass Anna selber zum dritten Mal verheiratet war. So oft wollen wir als Eltern an unseren Kindern herumerziehen, während unser eigenes Leben ein einziges Durcheinander ist.

Ganz ehrlich: Der Rat aus diesem Buch hat sich schon vielfach bewährt. Doch es ist schwierig – wenn nicht gar unmöglich –, ein festes Haus auf einen wackeligen Grund zu bauen. Aber das ist genau das, was nach meiner Erfahrung viele Eltern versuchen.

Sie können Ihren Kindern eine großartige Grundlage schaffen: Bleiben Sie verheiratet und arbeiten Sie an Ihrer Ehe, damit sie zum Vorbild für Ihre eigenen Kinder wird. Zerbricht Ihre Ehe dennoch, lautet mein Rat: Bleiben Sie Single, bis Ihre Kinder aus dem Haus sind. Für ein heranwachsendes Mädchen ist es nicht zuträglich, wenn ein erwachsener Mann zu ihr ins Haus zieht, der nicht mit ihr verwandt ist. Außerdem ist der leibliche Vater einer jungen Frau nicht zu „ersetzen". Am besten warten Sie, bis die Tochter aus dem Haus ist, bevor Sie sich auf eine neue Beziehung einlassen.

> *Sie können Ihren Kindern eine großartige Grundlage schaffen: Arbeiten Sie als Ehepartner an Ihrer Ehe, damit sie zum Vorbild für Ihre eigenen Kinder wird.*

Pubertät ist eine holperige Wegstrecke. Kinder brauchen einen sicheren Hafen, wenn ihre Hormone durcheinander geraten, ihre Unsicherheit ungeahnte Ausmaße erreicht und alle möglichen Ängste nach ihnen greifen. Wenn in sich stabile

Jugendliche schon davon betroffen sind, wie viel mehr dann erst solche, deren Zuhause eher dem Chaos nach einem Wirbelsturm als den ruhigen Gewässern eines geschützten Hafens ähnelt.

Ich möchte Ihnen helfen, Ihren Kindern zu helfen – aber der entscheidende Startpunkt ist Ihr eigenes Leben, Ihre eigene Ehe, Ihr eigener Charakter.

Zur Erinnerung:
▸ Die Scheidung der Eltern beschleunigt den Eintritt der Tochter in die Pubertät.
▸ Auch ältere Jugendliche und junge Erwachsene leiden noch unter den Auswirkungen einer Scheidung.
▸ Jugendliche brauchen ganz besonders eine stabile familiäre Umgebung.

6
Der große Transfer

Nicht nur in den USA ist die Serie *Sex and the City* inzwischen in zahlreichen Haushalten angekommen. *Sex and the City* ist definitiv keine Serie für Jugendliche (und im Grunde keine Serie für irgendjemanden!). Die Themen dieser Show drehen sich um vorgetäuschte Orgasmen, den Nutzen von Vibratoren, Voyeurismus, Sexualpraktiken und dergleichen. Es ist, wenn überhaupt, dann Erwachsenenkost, aber es hat den Anschein, als speisten nicht wenige Kinder und Jugendliche bereits an derselben Tafel.

Kürzlich las ich in einem Zeitungsbericht, dass die Hauptdarstellerin Sarah Jessica Parker bei einem Restaurantbesuch von einer Gruppe von Fans praktisch am Abendessen gehindert wurde – und diese Fans waren alle Teenagermädchen.

Haben wir den Kampf gegen ungesunde Medieneinflüsse und Modetrends schon aufgegeben?

Als Sarah Jessica Parker in einer Sendung eine bestimmte Art von Silberkettchen trug, stürmten Hunderte von Teenagern die Geschäfte, um ein Kettchen in diesem Stil zu kaufen. Die Serie bestimmt die Modetrends für Teenager, die so sexy sind, wie schon lange nicht mehr.

Nun kann man sich natürlich darüber aufregen, dass Serien wie diese unseren Kindern praktisch auf dem Tablett serviert werden. Man kann sich mit Protesten an die Sendeanstalten wenden. Aber für mich stellt sich zuerst eine ganz andere Frage:

Wo sind die Eltern dieser Teenager?

Haben wir den Kampf gegen ungesunde Medieneinflüsse und Modetrends schon aufgegeben? Lassen wir unsere Kinder alles sehen, was sie wollen, überall hingehen, wohin sie wollen, und tragen, was sie wollen? Nach einer Studie hat fast die Hälfte aller amerikanischen Kinder zwischen acht und siebzehn Jahren keinerlei Einschränkungen oder Regeln im Blick auf Fernsehkonsum und Internetnutzung zu befolgen – und zwei Drittel dieser Altersgruppe haben einen eigenen Fernseher im Zimmer.[18] In Deutschland dürften die Zahlen nicht wesentlich anders sein.

Wenn wir unsere Kinder positiv beeinflussen und ihnen die Werte vermitteln wollen, die uns lieb und teuer sind, müssen wir ihnen wichtiger werden als eine Sexkolumne in einer Zeitschrift.

In einem Bericht über Einstellungen Jugendlicher zu Partnerschaft und Sexualität las ich: „Im Gegensatz zur allgemeinen Auffassung, die Medien seien hauptsächlich verantwortlich für die Haltung Jugendlicher zu Sexualität und Ehe, gibt es sehr starke Anzeichen dafür, dass junge Menschen ihre Vorstellungen und Vorbilder für Ehe und Partnerschaft von den Eltern und der Elterngeneration beziehen.

Wenn wir unseren Kindern Werte vermitteln wollen, müssen wir ihnen wichtiger werden als eine Sexkolumne in einer Zeitschrift.

Die befragten Nichtakademiker erwähnten durchweg Familieneinflüsse als Quelle ihrer Hoffnungen wie ihrer Ängste im Blick auf eine künftige Ehe. Doch gemäß den Teilnehmern an unserer Studie hatten viele Eltern fast nichts Gutes über die Ehe zu sagen, oder sie sagten gar nichts zu diesem Thema. Ein Gutteil dieser negativen Einstellung mag an den eigenen Problemen und Fehlern der Elterngeneration in ihrer Ehe liegen.“[19]

Immer wieder beobachte ich in meiner Praxis, wie Eltern ihre Kinder anflehen – nicht mit diesen Worten, jedoch sinngemäß: „Tu nicht das, was ich tue. Tu das, was ich sage.“

Fehlanzeige, verehrte Eltern. So funktioniert das nicht.

In diesem Buch werde ich immer wieder auf Erziehungsgrundsätze hinweisen, über die ich (buchstäblich) schon seit

Jahrzehnten rede – aber heute sind sie noch entscheidender als vor ein oder zwei Jahrzehnten. Gerade in der Welt von heute ist das Vorbild der Eltern entscheidend: Die Art, wie sie ihr eigenes Leben vor ihren Kindern leben, gehört zu den prägendsten Einflüssen im Leben von Jugendlichen.

Letztendlich müssen wir selbst vorleben, was wir ihnen sagen, sonst verläuft jede Belehrung im Sande. Wir können ja vielleicht noch ein Kleinkind an der Nase herumführen, doch Jugendliche haben ein besonders feines Gespür für Echtheit oder doppelte Moral.

> *Wenn Eltern nicht selbst leben, was sie sagen, sind alle Worte zwecklos.*

Es hat zwar oft den Anschein, als ob Teenager ignorieren, was Eltern *sagen*, doch sie beobachten aufmerksam, was sie *tun*. Werte vermittelt man nicht nur, indem man darüber spricht. Man muss sie selbst verkörpern und vorleben. Wenn Sie wollen, dass Ihre Kinder aufrichtige und integre Menschen werden, erklären Sie Ihnen, wie Sie entsprechend dieser Werte Ihre Steuererklärung machen oder wie Sie sich für Verspätungen entschuldigen oder mit unbequemen Gesprächspartnern umgehen. Kluge Eltern öffnen ihr Leben – nicht nur ihren Mund –, um sich ihren Teenagern mitzuteilen. Das ist einer der besten Hinweise, die ich Ihnen geben kann.

Fromme Reden: Was Sie tun, redet lauter als das, was Sie sagen

Wie vermitteln Sie Ihren Teenagern am effektivsten die Dinge, die Ihnen am meisten bedeuten? Das ist das, was ich den „großen Transfer" nenne: die Vermittlung von Werten, Überzeugungen, Glaubenshaltungen. Eine amerikanische Universität führte eine Studie darüber durch, wie Jugendliche zu ihren religiösen Ansichten gelangen.[20] Die Studie konzentriert sich zwar überwiegend auf praktizierende Christen, doch sind die Erkenntnisse für jede religiöse Überzeugung von Bedeutung.

Von den befragten Studenten lasen über die Hälfte fast täglich in der Bibel. Nahezu drei Viertel gaben an, dass sie Gott regelmäßig um Führung bitten. Hier hatte eindeutig Wertevermittlung stattgefunden, aber wie?

Sicherlich war auch geredet worden: 53 Prozent der Studenten stimmten der Aussage zu, dass der Vater sie beten gelehrt hatte (bei 67 Prozent war das entsprechend die Mutter); 66 Prozent gaben an, der Vater habe mit ihnen über Glaubensfragen gesprochen (fast identisch für die Mutter); und 93 bis 95 Prozent sagten, beide Elternteile hätten sie ermutigt, in den Gottesdienst zu gehen – und sie mitgenommen.

Ihre Teenager mögen nicht auf das hören, was Sie sagen – aber Sie beobachten genau, was Sie tun!

Aber dass über Glaubensfragen geredet wurde, war nicht allein ausschlaggebend. Entscheidend war vielmehr, wie die Eltern selbst die von ihnen vertretenen Werte leben. Die Untersuchung stellt drei Aspekte für die Vermittlung geistlicher Werte als entscheidend heraus: dass es Diskussionen zwischen Kindern und Eltern gibt, dass es gemeinsame Aktionen von Kindern und Eltern gibt, dass Kinder miterleben, wie ihre Eltern leben, wie sie entscheiden, was sie tun. Man beachte: Zwei von diesen entscheidenden Aspekten beziehen sich auf Taten, nicht auf Worte. Kurz gesagt: Ihre heranwachsenden Kinder beobachten Sie doppelt so intensiv, wie sie Ihnen zuhören!

Verstehen Sie mich nicht falsch – natürlich ist das Gespräch wichtig. Ebenso wichtig ist die Weise, wie es geführt wird. Dogmatische Forderungen bewirken nicht viel; aber nachvollziehbare Begründungen für die Haltung und Lebensweise der Eltern waren für viele der Befragten Grund genug, sich selbst ernsthaft mit diesen Positionen zu befassen. Eine Teilnehmerin erläuterte, ihr Vater habe ihr erklärt, „was er glaubte, warum er es glaubte, welche entgegengesetzte Vorstellung es gab, und warum er nicht daran glaubte."

Eine andere hob hervor: „Ich sah die Glaubensvorstellungen (meiner Mutter) und ihre Werte in ihrem Handeln." Am hilfreichsten war es, wenn die Eltern erklärten, warum sie so handelten, wie sie es taten. Ein Teenager sagte: „(Mein Vater) erklärte mir, warum er etwas tat oder warum er in einer bestimmten Situation so handelte."[21]

Eine zielgerichtete Erziehung zeichnet sich dadurch aus, dass *Worte und Taten zu einer Einheit verwoben werden.* Die Vermittlung von Werthaltungen und Glaubensüberzeugungen gelingt dann mit großer Wahrscheinlichkeit, wenn die folgenden Bedingungen gegeben sind: „Eltern erklärten ihren Kindern, was sie glaubten, diskutierten mit ihnen über biblische Inhalte, erläuterten im Gespräch, was ihnen ein Gottesdienstbesuch bedeutete. Eltern legten Wert darauf, dass ihre Kinder früh mit kindlichen Formen der Glaubensvermittlung in Berührung kamen: Kindergottesdienstbesuch, das gemeinsame Beten bei Tisch oder beim Zu-Bett-Gehen, das Mithelfen bei sozialen oder kirchlichen Projekten, das Vorlesen von biblischen Geschichten. ... Je mehr Wert Eltern auf diese Art von Aktivitäten legten, je höher war der Grad, in dem die Jugendlichen die Überzeugungen ihrer Eltern verstanden."

Teenager erzieht man nicht durch Regeln, Teenager erzieht man durch Beziehungen.

Der große Transfer – die Vermittlung von Werten und Glaubensüberzeugungen – ruht entscheidend auf der Qualität der Beziehung zwischen Eltern und Kind (die weder zu streng noch zu freizügig sein sollte). Außerdem wird diese Vermittlung davon beeinflusst, ob beide Eltern eine gemeinsame Glaubensüberzeugung teilen. Einer der besten Wege, Ihre Kinder an Gott heranzuführen ist eine positive, warmherzige und geschützte Beziehung zu ihnen zu schaffen. Eltern, die selbst nach Gott fragen oder den Glauben zu ihrer Lebensgrundlage gemacht haben, werden ihren Kindern im alltäglichen Miteinander vorleben, welche Rolle diese Überzeugung für ihr Handeln und Entscheiden spielt. Erklären Sie Ihren Kindern, warum Sie glauben, was Sie glauben, und warum Sie so handeln, wie Sie es tun.

Ich betone immer wieder: „*Teenager erzieht man nicht mit Regeln; Teenager erzieht man durch Beziehungen.*" Das gilt auch für die religiösen Überzeugungen. Glaube ist etwas, womit man sich ansteckt. Es ist hier ähnlich wie mit dem Charakter: „Die beste Weise, einem Kind Charakter beizubringen, ist die, recht viel davon im Haus zu haben." Das gilt genauso für den Glauben.

Wenn ich mit meinen Kindern über geistliche Dinge rede, stelle ich meinen Glauben gerne in einen größeren Zusammenhang. Wir halten keine Familienandachten, aber unsere Glaubensstandpunkte bilden in der Regel den Rahmen für unsere Diskussionen. Kinder greifen Ihre Wertvorstellungen auf, wenn sie sehen, wie Sie der Kassiererin sagen, dass sie Ihnen zu viel Wechselgeld herausgegeben hat, oder wenn Sie Ihren Kindern erläutern, warum Sie einen bestimmten Abgeordneten wählen.

Der beste Weg, einem Kind den Glauben zu vermitteln, ist der, immer recht viel davon im Haus zu haben.

Darüber hinaus sorgen meine Frau und ich dafür, dass unsere Kinder eine solide religiöse Erziehung erhalten. Alle unsere Kinder waren schon auf christlichen Freizeiten. Für sie war das eine Gelegenheit, eine Weile weg von uns zu sein, und gleichzeitig andere Christen zu erleben, die sie sich zu Vorbildern für die eigenen religiösen Entscheidungen nehmen können.

Als unsere dreizehnjährige Hanna letzten Sommer von einer Freizeit zurückkam, hatten wir das folgende Gespräch:

„Hat ganz den Anschein, dass du Spaß hattest, Hanna."

„Ja, die Freizeit war toll, Papa."

„Bist du Gott näher gekommen?"

„Ja, das bin ich sicher."

„Prima, das freut mich."

Mehr haben wir über das Thema nicht geredet. Ich habe sie nicht mit eindringlichen Fragen belästigt, sie hat von sich aus nichts weiter gesagt. Aber ich wette, dass in zwei, drei Monaten irgendein Thema aufkommt und Hanna dann sagt: „Ach ja, als ich vorigen Sommer auf der Freizeit war, haben wir darüber gesprochen ..."

So beginnt dann ein weiteres interessantes Gespräch.

Ich werde häufig gefragt, was man tun soll, wenn die Kinder sagen: „Mama, Papa, ich will nicht mehr in die Kirche. Das ist doch zu langweilig." Damit können Ihre Söhne oder Töchter durchaus Recht haben. Manchmal ist der Gottesdienst das Langweiligste, was sich Sechzehn-, Siebzehnjährige vorstellen können. Am Samstagabend waren sie aus, müssen aber am nächsten Tag früh aufstehen, sich fertig machen und eine gute Stunde ruhig dasitzen. Unter den gegebenen Umständen ist ein gewisses Maß an Langeweile nachvollziehbar. Andererseits müssen wir alle lernen, Dinge zu tun, die uns langweilen. Es gibt keine einzige Aufgabe, die zeitweilig nicht auch ermüdend wäre. Ich würde lieber keine Windeln oder die Bettwäsche wechseln, wenn unsere Kinder sich erbrochen haben. Doch als Vater musste ich diese Aufgaben trotzdem erledigen. Ein Gottesdienst kann für einen Jugendlichen eine Gelegenheit sein, sich auf das Erwachsensein einzustellen.

Generell würde ich etwa folgendes Gespräch führen: „Ich weiß, dass viele Kinder in der Gemeinde nicht gerade auf deiner Wellenlänge sind. Und ich verstehe, dass dir die Predigt nicht viel sagt. Aber wenn du einmal ernsthaft darüber nachdenkst, gibt es nur wenig, worum deine Mutter und ich dich bitten, und dazu gehört, in den Gottesdienst zu gehen. Wir sind sehr gerne dort und die Predigten haben uns viel zu sagen. Ich weiß, das trifft für dich nicht zu, aber trotzdem möchten wir, dass du dabei bist. Du kannst vor dich hin träumen oder in der Nase bohren oder ein Buch lesen, aber du würdest uns einen großen Gefallen tun, wenn du bei uns wärest. Wir sind eine Familie, und das bedeutet von Zeit zu Zeit – sogar wöchentlich –, dass wir gemeinsam etwas unternehmen, das vielleicht keinen Spaß macht, aber trotzdem wichtig ist."

Ich bin überzeugt davon, dass die Vermittlung der Werte, die für mich selbst wichtig sind, auf viele verschiedene Weisen erfolgen muss. Manchmal gehört Vorleben dazu; dann wieder die eine oder andere Schulung. Der bekannte Vers aus Sprüche 22,6 ermutigt uns: „Erziehe dein Kind seinem Weg gemäß, es wird nicht davon weichen, auch wenn es älter wird". Der Vers weist uns darauf hin, dass man Kinder *nach ihren Neigungen* erziehen soll – also auf eine Weise, die genau ihrer einzigartigen Persönlichkeit entspricht. Anstatt rigiden Prinzipien zu folgen, sollen wir die unterschiedlichen Eigenschaften und Begabungen unserer Kinder achten und sie auf eine Art und Weise in das Leben und den Glauben einführen, der diese Unterschiede in Betracht zieht.

Jedes Kind hat seine eigene Persönlichkeit und seinen eigenen Weg zum Glauben. Entdecken Sie, was gerade für Ihr Kind hilfreich sein kann.

Darum glaube ich an die „Methodenvielfalt" bei der Vermittlung von religiösen Überzeugungen. Es gibt Kinder, die können sich keine Bibeltexte merken – aber sie hören vielleicht gerne vertonten Schrifttexten zu und behalten sie ganz beiläufig! Manche Kinder gehen gerne in die Jugendgruppe, für andere ist das eine Qual. Es gibt doch so viele Arten, wie Sie Ihre Kinder an Ihren Glauben heranführen können – man kann sich die Form aussuchen, an der die Kinder das meiste Interesse zeigen.

Neben der Vielfalt von Möglichkeiten, wie wir unseren

Glauben weitergeben können, ist die beste Art, andere Werte zu vermitteln, die: Seien Sie „Sie selber". Das mag sich zwar einfach anhören – aber es kann eine ganz schöne Herausforderung sein!

Seien Sie „Sie selber"

Mia und ihr achtzehnjähriger Sohn Jan kamen schon seit mehreren Monaten in meine Praxis. Die Hürden waren hoch – Mia war Alkoholikerin und geschieden, Jans Freunde erinnerten mich an ein Ensemble aus *The Rocky Horror Picture Show*. Trotz der großen Herausforderungen machte Jan Fortschritte – bis zu dem Tag, als die Verkehrsstreife ihn anhielt und auf der Rückbank von Jans Auto eine angebrochene Flasche Wein entdeckte.

Am härtesten sind wir oft Menschen gegenüber, die unsere eigenen Lieblingssünden begehen. Für mich kam es also nicht überraschend, dass seine Mutter furchtbare Wutausbrüche bekam. Sie war immer noch sichtlich aufgebracht, als sie sechs Tage nach dem Vorfall zu unserem Termin kam.

Alles stand auf der Kippe, um es sehr zurückhaltend auszudrücken – aber das hieß auch, es gab die Möglichkeit für einen großen Durchbruch, als Jan seiner Mutter sehr deutlich die Frage stellte: „Hast du nie beim Autofahren getrunken?"

Mia wurde laut: „Natürlich nicht!"

Diese dreiste Lüge brachte mich schier aus der Fassung. Ich bat Jan, uns einen Augenblick allein zu lassen und sagte dann zu Mia: „Wir sprechen jetzt schon seit Monaten über Ihre Alkoholprobleme. Ich habe mir schweigend angehört, wie Sie Ihrem Sohn eine glatte Lüge aufgetischt haben. Jetzt muss ich doch einmal wissen, was jetzt los ist und warum Sie das getan haben."

„Erwarten Sie etwa von mir, ich soll ihm sagen, dass ich

schon mehrmals wegen Trunkenheit am Steuer belangt worden bin? Dann würde er doch gleich losziehen und es auch machen!"

Diese Mutter beging einen tragischen Fehler. Jan ließ sich von der Lüge seiner Mutter nicht hinters Licht führen. Sie verstärkte vielmehr einfach die erste Rechtfertigung und schlimmste Krücke eines Abhängigen: abstreiten und täuschen. Zudem hat sie eine goldene Gelegenheit vertan, sich mit Jan auf einer Ebene zu verständigen, die sie nie zuvor erreicht hatte. Hätte sie den Mut gehabt, Jan ihre Fehler einzugestehen, hätten wir Jan helfen können einzusehen, wie töricht Trunkenheit am Steuer ist, und das hätten wir an einem echten Beispiel belegen können. Allermindestens hätte Mia neues Mitgefühl entwickeln und eine Verständigung aufbauen können. Doch indem sie ihre eigene Schwäche abstritt, verdarb sie sich alles. Mia steckte ihren Kopf in den Sand, und Jan verschloss sein Herz und seinen Verstand im Groll.

Es überrascht nicht, dass es von da an mit Jan kaum noch Fortschritte gab.

Echt sein und sich zeigen

Wenn Sie mit Ihren heranwachsenden Kindern in Verbindung bleiben wollen, müssen Sie bereit sein, ihnen Ihr wahres Ich zu zeigen, nicht nur das Idealbild, von dem Sie wünschten, Ihre Kinder sähen Sie so. Wenn Sie die Privatwelt Ihrer Teenager betreten, müssen Sie mutig genug sein, ein paar der Realitäten und Vielschichtigkeiten Ihres eigenen Lebens offen zu legen.

Zugegeben, das ist nicht einfach. Als Ihr Sohn drei oder vier Jahre alt war, hielt er Sie für den stärksten Mann der Welt oder die vollkommenste Mutter überhaupt. Mit neun oder zehn bemerkt dieser Sohn jedoch auf einmal, dass Sie gar nicht vollkommen sind und dass Sie mit ein, zwei Eigenschaften sogar komplett durchfallen.

Gehen Sie gegen diesen heilsamen Wachstumsprozess an, oder halten Sie ihm stand? Sie müssen eine kleine Bestattung vornehmen: Das ideale Ich, das Sie einst in den Augen Ihrer Kinder waren, muss sterben, damit Sie eine neue Beziehung aufbauen können, die sich auf die reife Einsicht gründet, dass wir alle fehlbar und noch in der Entwicklung sind.

Vor vielen Jahren, als meine ältesten Töchter noch klein waren, nahm ich in einem Park an einem Ballsportwettkampf teil. Als der Schiedsrichter eine unglaublich dumme und ungerechte Entscheidung traf, rutschte mir ein „Du spinnst ja" heraus.

Der Schiri kam auf mich zu und schrie: „Was habe ich da gehört?"

„Ich sagte: ‚Du spinnst ja.'"

„Raus hier, aber sofort!"

Darauf entgegnete ich: „Ja, ich gehe ja schon, aber trotzdem spinnst du."

Nach den Regeln musste ich nicht nur das Spielfeld, sondern den ganzen Park verlassen, wenn ich rausgeschmissen wurde. Ich brauche nicht zu betonen, dass ich empört

Wenn Ihre Kinder älter werden, steht Ihnen eine kleine Beerdigung bevor: Begraben Sie das Idealbild von einem Vater, einer Mutter. Werden Sie Ihren Kindern ein echtes Gegenüber – so, wie Sie sind.

war. Es war das erste Mal, dass ich aus einem Spiel geworfen wurde, und zu allem Unglück hatte ich meine beiden Töchter dabei. Sie hatten gerade ihren Spaß auf der Rutsche und der Schaukel, als ich sie rief: „Kommt, Mädels, wir müssen nach Hause."

Sie schauten mich erstaunt an und erwiderten: „Nach Hause? Aber wir sind doch eben erst angekommen. Warum fahren wir schon wieder?"

Ich sagte: „Los, kommt. Ab ins Auto. Macht schon!"

Sie machten sich zögerlich auf den Weg zum Auto und verlangten unbedingt eine Antwort. Ich wollte ihnen schon einen Bären aufbinden, riss mich aber doch zusammen. Ich wandte mich an meine jüngere Tochter: „Krissy, was passiert, wenn ihr mir eine freche Antwort gebt?"

Sie schaute mich erstaunt an und antwortete: „Dann müssen wir in unser Zimmer?"

„Richtig", sagte ich. „Vorhin habe ich dem Schiedsrichter eine freche Antwort gegeben und er hat mich auf mein Zimmer geschickt."

Das leuchtete meinen Kindern vollkommen ein. So sehr, dass das Erste, was sie herausbrüllten, als wir wenig später nach Hause kamen, das war: „Mami, Mami, weißt du was? Papa war frech und muss jetzt auf sein Zimmer!"

So schwierig es auch war, meinen Kindern die Wahrheit zu sagen, so froh bin ich, dass ich es getan habe. Das ebnete den Weg für eine wahrhaftige und tiefe Beziehung zu ihnen, als sie älter wurden. Die Pubertät ist die Zeit, in der Sie die Voraussetzungen dafür schaffen, wie Ihre Kinder Sie später einmal als gleichwertige Erwachsene behandeln werden. Als Vater von mittlerweile drei erwachsenen Kindern kann ich bestätigen, welche Freude und welche Erfüllung diese Veränderung mit sich bringt. Sie ist anders als die bedingungslose Verehrung, die Kleinkinder ihren Eltern entgegenbringen. Aber es ist eine nicht minder bedeutsame Erfahrung, wenn man von einem erwachsenen Gegenüber Anerkennung erfährt.

Die Pubertät ist die Zeit, in der Sie die Voraussetzungen dafür schaffen, wie Ihre Kinder Sie später einmal als gleichwertige Erwachsene behandeln werden.

Ich werde nie den Brief vergessen, den unsere Tochter Krissy mir kurz nach ihrer Heirat schickte. Sie schrieb, dass Dennis, ihr Mann, ihr andauernd sage, wie sehr sie ihn an mich erinnere, und dass sie das als höchstes Kompliment wertete. Es ist eine Sache, wenn ein dreijähriges Kind zu einem sagt: „Du bist der beste Papi auf der ganzen Welt", aber wenn eine Siebenundzwanzigjährige – die Sie mit all Ihren guten und schlechten Zügen erlebt hat – stolz ist auf Sie, dann ist das noch mal etwas ganz anderes.

Eins ist sicher: Wenn Sie Ihre Fehler eingestehen und mit Ihren Kindern darüber reden, wie Sie versuchen, sie zu vermeiden, zerstören Sie dadurch nicht die Beziehung. Sie bauen Sie vielmehr auf.

Aber was ist, wenn sie so werden wie ich?

Eine Entgegnung, die ich immer wieder höre, wenn ich Eltern bitte, aufrichtig zu ihren Kindern zu sein, lautet so: „Ich kann doch meinen Kindern nicht erzählen, was ich damals in der Schule angestellt habe. Das ist ein schlechtes Beispiel und gibt ihnen das Recht, genau dasselbe zu machen wie ich."

Wer so denkt, macht sich etwas vor. Ihre Kinder wissen doch schon längst, dass Sie nicht perfekt sind! Jeder Mensch macht Fehler. Das Geheimnis einer Familie liegt darin, dass man Menschen um sich hat, die einen trotz allem lieben – mit allen Ecken und Kanten. Eine solche Liebe geben Sie weiter, wenn Sie Ihren Kindern freimütig von Ihren Fehlern erzählen. Sie werden nicht schlecht von Ihnen denken; viel eher werden sie viel zugänglicher sein und Ihnen bereitwilliger zuhören.

Geben Sie vor Ihren Kindern zu, dass auch Sie Fehler machen – das zerstört die Beziehung nicht. Im Gegenteil: Es macht Sie glaubwürdiger und baut die Beziehung auf.

Außerdem machen Ihre Kinder eine Zeit durch, in der sie *garantiert* in peinliche Situationen geraten. *Garantiert.* Vielleicht entfährt ihnen ein Lüftchen, wenn alles ganz ruhig ist, und die anderen bekommen es mit und machen sie gnadenlos nieder. Oder sie verwenden ein Wort im falschen Sinne oder ihnen bricht die Stimme oder sie stellen sich ungeschickt an. Teenager leben in einer immensen Angst vor solchen Bloßstellungen. Das Schlimmste, was ihnen passieren kann, ist von anderen bei einer Ungeschicklichkeit erwischt zu werden. Das gilt vor allem für Mädchen. Eine bissige Bemerkung von einem Gleichaltrigen kann sie für Wochen in ihrem Selbstwertgefühl erschüttern.

Bereiten Sie Ihre Kinder auf solche Situationen vor – indem Sie ihnen von misslichen Lagen erzählen, in die Sie schon einmal geraten sind.

Sie helfen Ihren Kindern damit, eine realistische Perspektive auf das Leben zu bekommen. Die Pubertät Ihrer Kinder ist die Zeit, in der Sie idealistische, altmodische Ansichten von sich selbst eintauschen können gegen eine echte Beziehung zu Ihren Kindern. Verpassen Sie diese wunderbare Gelegenheit nicht, indem Sie versuchen, etwas zu sein, das Sie nicht sind.

Zur Erinnerung:
- Sie hinterlassen unauslöschliche Spuren im Leben Ihrer Kinder.
- Eltern können noch immer die Hauptrolle bei der Vermittlung von Werten spielen – wenn sie sich in das Leben ihrer Kinder einmischen.
- Kinder beobachten uns doppelt so intensiv, wie sie uns zuhören.
- Für die Vermittlung religiöser Werte ist eine „Methodenvielfalt" besser geeignet als „Vorträge" oder förmliche Diskussionen.
- Das Wichtigste, was Sie tun können, um Ihren Kindern Werte zu vermitteln: Leben Sie sie vor.

7
Der tägliche Kleinkrieg

Gabriele ließ ihre fünfzehnjährige Tochter Angela vor der Schule aussteigen. Schüler standen in Grüppchen an der Bushaltestelle: Manche unterhielten sich zu zweit, andere zu mehreren; einzelne Schüler schlenderten einfach so herum.

Plötzlich merkte Gabriele, dass Angela ihr Schulfrühstück im Auto liegen gelassen hatte. Sie sprang aus dem Auto und rief: „Angela! Angela!"

Ein paar Schüler drehten sich um und gafften. Angela fuhr herum und warf Gabriele einen vernichtenden, angewiderten Blick zu.

Was habe ich jetzt schon wieder falsch gemacht?, dachte Gabriele.

Angela ging nicht zum Wagen, sie *stampfte* hin und biss die Zähne fest zusammen. „Was *ist* denn?", wollte sie wissen.

„Nichts, Schatz. Du hast nur dein Frühstück vergessen."

Angela schnappte sich die Tüte, drehte sich um und schüttelte den Kopf, sodass alle Anwesenden mitbekamen, was sie sich bieten lassen musste. *Ist es denn zu fassen? Meine Mutter hat mich zurückgerufen, um mir mein Frühstück zu geben!*

Gabriele merkte nicht, dass sie gegen ein ungeschriebenes Gesetz verstoßen hatte: Jugendliche wollen unter keinen Umständen, dass Sie ihnen eine Szene vor Gleichaltrigen machen. Je mehr Erfahrung Sie im Umgang mit Teenagern sammeln, desto besser werden Sie erkennen, welche Dinge besser ungesagt bleiben.

„Wieso soll das denn eine Szene sein, wenn ich Angela sage, dass sie ihr Frühstück vergessen hat?", könnte Gabriele fragen.

Tja, das ist der Punkt. Wenn aus Kindern Jugendliche werden, ändern sich die Regeln dauernd. Es lässt sich extrem schwer ausmachen, was ihnen von Fall zu Fall am peinlichsten ist. Und genau diese Missverständnisse können das Leben mit einem Teenager so frustrierend machen.

Darum geht es in diesem Kapitel: Wie man mit dem täglichen Kleinkrieg in praktisch jeder Familie mit Heranwachsenden umgeht.

Kommunikation

Pubertierende und ihre verdrießlichen Kommunikationsmuster (diese Abfertigung mit einer gegrunzten Antwort wie „gut", „nichts", „okay", „war in Ordnung" oder „egal") hinterlassen bei den Eltern mehr Fragezeichen als alle anderen Schwierigkeiten im Umgang mit ihren Teenagern. Sie möchten gute Eltern sein; Sie möchten am Leben Ihrer Kinder teilhaben, mit ihnen Kummer, Freude, Ängste und Enttäuschungen teilen, und doch ...

Und doch könnten Sie sie manchmal würgen, wenn sie auf Ihre Frage mit einem bloßen „Keine Ahnung" antworten.

Zu allererst sollten wir als Eltern wissen, dass wir selbst häufig ein verkehrtes Gesprächsmuster an den Tag legen – aus der Zeit, als unsere Kinder noch mit ihrem Pamperspopo über den Fußboden rutschten. Wie sieht dieses Muster aus? Eltern fragen – Kinder antworten. So halten wir es denn auch für einen Akt der Rebellion, wenn unsere Kinder es wagen, uns Fragen zu stellen!

Dieses unangebrachte Verhaltensmuster wird Sie eines Tages einholen. Es kommt die Zeit, da hören Ihre Kinder auf, dieses Spiel mitzuspielen.

So, und nun?

Meine Antwort mag Sie überraschen, doch das Wesentliche ist, dass Ihre Kinder von Ihnen Bestätigung, Liebe und Rückhalt brauchen. Das ist mehr als ein Wunsch; das ist ein psychologisches Bedürfnis. Wenn Sie diese Tatsache beherzigen, werden Sie dem Gemuffel besser ausweichen können.

Am ehesten bringen Sie Ihre Kinder dazu, mit Ihnen zu reden, indem Sie ihnen keine Fragen stellen. Hören Sie einfach auf damit! Halten Sie es eine oder zwei Wochen durch. Ganz plötzlich und durchgängig. Und ich garantiere Ihnen, Ihre Kinder werden aufmerksam werden. Vielleicht fragen sie ja auch, ob mit Ihnen etwas nicht stimmt. In diesem Fall ist eine gute Antwort: „Was soll denn nicht stimmen? Das Leben ist wunderschön."

Ja, dieses plötzliche Einstellen jeglicher Fragen bringt Stress in Ihr Leben. Ja, Sie werden sehen, wie schwierig es ist, mit Ihren Kindern zu reden, ohne ihnen Fragen zu stellen. Alte Gewohnheiten sterben langsam, aber es ist wichtig, dass Sie durchhalten, um „den Köder auszulegen".

Wenn Sie wollen, dass Ihre Kinder mit Ihnen reden – hören Sie auf, Ihnen Fragen zu stellen.

Es ist so sicher wie das Amen in der Kirche: Wenn Sie Ihren Kindern keine bohrenden Fragen mehr stellen, öffnen sie sich von selbst und erzählen Ihnen, was in ihrem Leben geschieht. Sie *müssen* sich Ihnen mitteilen, um von Ihnen Bestätigung zu bekommen – der Druck ist für die Kinder also ebenso groß wie für Sie, sich schließlich zu öffnen.

Psychologisch gesehen haben Sie den Aufschlag, wenn Sie sich von Ihren Kindern zurückziehen und sie auf sich zukommen lassen. Wenn sie etwas sagen, das Ihr Interesse weckt, können Sie ruhig sagen: „Mensch, ist ja toll – erzähl doch mal mehr." Eine solche Antwort ist nicht bedrohlich – die Kinder haben das Thema aufgebracht und Sie hängen sich lediglich daran.

Für den Fall, dass sich das allzu simpel und allzu optimistisch anhört, gebe ich Ihnen ein Gespräch wieder, das ich kürzlich führte. Ich hatte einen Vortrag gehalten, und danach kam ein Mann aus dem Publikum auf mich zu und sagte: „Herr Dr. Leman, ich muss mich bei Ihnen entschuldigen."

Er kam mir vage bekannt vor, aber ich wusste nicht woher.

„Wofür?"

„Meine Frau und ich hatten einen Vortrag von Ihnen gehört. Damals hatten wir Probleme mit unserem sechzehnjährigen Sohn. Er hatte sich vor uns abgeschottet und es gab keinerlei Kommunikation zwischen uns. Ihre Antwort war so anders als alles, was wir erwartet hätten, und so augenscheinlich simpel, dass wir dachten, Sie wollten uns einfach nur abspeisen."

„Ich weiß genau, was ich Ihnen gesagt habe", sagte ich. „Ich habe gesagt, Sie sollen Ihrem Sohn keine Fragen mehr stellen, stimmt's?"

„Genau. Und jetzt möchte ich mich bei Ihnen bedanken. Denn unsere Beziehung zu unserem Sohn ist jetzt ganz neu und anders."

So simpel es klingt – aber: Es funktioniert!

Voller Terminkalender

Mal ehrlich: Ältere Jugendliche sind häufig extrem beschäftigt. Wenn sie am Nachmittag noch eine AG haben oder Sport machen, verlassen sie das Haus vielleicht morgens um Viertel vor sieben und kommen erst gegen Abend heim. Dann sind sie meist erschöpft, wollen nur noch essen und ausruhen und sonst nicht viel mehr. Daher mag mein Rat einige Leser überraschen.

In dieser Phase – vor allem in den höheren Klassen – halte ich es für angemessen, die Zügel bei den „Großen" etwas lockerer zu lassen und die jüngeren Kinder vermehrt für Arbeiten rund ums Haus heranzuziehen. Wenn Kinder in der Schule gut mitkommen, gelegentlich jobben und nachmittags auch noch Programm in der Schule oder im Sportverein haben, ist ihr Stundenplan voll. Häufig verteilen Eltern die häuslichen Arbeiten streng nach Zeitaufwand, damit kein Kind mehr mithelfen muss als das andere.

Ich habe meine Kinder nie gleich behandelt. Sie müssen je nach Lebenslage unterschiedliche Aufgaben erledigen. Einmal beschwerte sich ein älteres Kind über die Pause, die ich einem jüngeren Kind gewährte.

„Das ist nicht fair!", brüllte Holly.

„Soll ich dich genauso behandeln wie Krissy?", fragte ich.

„Ja."

„Na gut. Dann gehst du heute Abend um halb neun schlafen, genau wie Krissy."

„Aber ich muss doch erst um neun ins Bett!"

„Jetzt nicht mehr! Du willst doch genauso behandelt werden wie Krissy."

Plötzlich war Holly gar nicht mehr so scharf darauf, „genau wie Krissy" behandelt zu werden.

Wir müssen die Zeitpläne und Aufgabenbereiche unserer Kinder an ihre jeweilige Lebensphase anpassen. Wenn Ihre Kinder wirklich gut beschäftigt sind, erlassen Sie ihnen die eine oder andere Aufgabe. Tragen Sie den Müll selber hinaus und helfen Sie ihnen durch diese Übergangsphase. Wenn Sie sie richtig erzogen haben, wird sie das nicht verderben, sondern die Jahre der Pubertät werden wesentlich sanfter verlaufen.

Bisweilen jedoch müssen wir unsere Kinder vor ihren eigenen schlimmsten Neigungen bewahren. Wir wissen eventuell besser als sie, was sie sich zumuten können, und wenn wir merken, dass Jonas immer besonders mürrisch ist, wenn er drei Abende hintereinander weg war, ist es an uns, ihm die Erlaubnis zu verweigern, wenn er an eben jenem dritten Abend weg will.

Manchmal müssen Sie Ihre Kinder vor sich selbst schützen.

„Hör mal, Jonas, es war eine verflixt anstrengende Woche und wir hatten nicht viel Zeit als Familie. Wir bleiben heute Abend schön zu Hause und entspannen uns. Sag Luka bitte Bescheid, dass du heute nicht mit ins Kino gehst."

„Aber Papa ...“

„Bitte, Jonas, lass uns nicht weiter diskutieren. Ich bin müde, deine Mutter ist müde, und wir machen uns heute einen ruhigen Abend zu Hause.“

Kleidung

Tun Sie mir und Ihren heranwachsenden Kindern mal einen Gefallen: Betrachten Sie Ihre alten Schulfotos. Ich möchte, dass Sie sich gerade jetzt noch einmal bewusst machen, wie unglaublich blöd Sie aussahen. Hatten Sie, verehrter Vater, eine Elvis-Locke und Pomade im Haar? Oder den typischen 68er-Gammel-Look? Oder Sie, geschätzte Mutter? Palästinenser-tuch und Schlabberpullover? Oder, für die älteren Semester, eine toupierte Hochschlagfrisur, in der ein Vogel sein Nest hätte verstecken können?

Und diese Klamotten! Iiiiiiiiiih! Das sollen Sie wirklich mal getragen haben?

Ich auch?!

Kaum zu fassen!

Und dann: Erinnern Sie sich an die letzten Debatten mit Ihren Kindern über die Kleiderordnung. Kleidung ist womöglich das Hauptstreitthema zwischen Eltern und Jugend-lichen. Dabei geht es gar nicht mal so sehr um die Kosten, als vielmehr um unterschiedliche Auffassungen darüber, was angemessen ist.[22]

Junge Mädchen sollen wahrlich nicht wie Prostituierte aus dem Haus gehen – Schamgefühl sollte nie aus der Mode kommen. Aber in Geschmacksfragen gibt es normalerweise mehr Spielraum, als wir Eltern uns eingestehen möchten.

Allerdings ist es wichtig, unseren heranwachsenden Kindern, insbesondere unseren Töchtern, ein paar Fakten zu berichten, die sie vielleicht nicht kennen. Die Universität von Kalifornien in Los Angeles führte eine Untersuchung durch, wie junge Männer die Kleidung junger Frauen interpretierten. Sie zeigten Bilder von Mädchen, die sehr „hip" angezogen waren. Die Mädchen hatten als Grund für die Wahl dieser Kleidung angegeben, sie wollten mit der Mode gehen. Die Mehrheit der Jungen sagte jedoch, dass Frauen, die sich so anziehen, „es darauf anlegen" und ihre sexuelle Verfügbarkeit „zur Schau stellen". Kurz gesagt: Die Aussagen darüber, wie junge Frauen ihre eigene Kleidung einschätzten und wie junge Männer sie interpretierten, gingen weit auseinander.

Hier können einfühlsame Eltern wertvolle Informationen weitergeben. Damit das aber überhaupt Sinn hat, muss dieses Gespräch stattfinden, bevor sich Ihre Tochter für ihre Verabredung gestylt hat und im Minirock, mit bauchfreiem T-Shirt und tiefem Ausschnitt die Treppe herunterkommt. Dann ist sie in Gedanken schon ganz bei dem bevorstehenden Abend und ihre Garderobe hat sie bereits gewählt. Die Auseinandersetzung ist vorprogrammiert, wenn Ihnen (und schlimmer noch: ihrem Freund) bei ihrem Anblick die Augen übergehen.

Ich schlage vor, dass Väter einen geeigneten Zeitpunkt und einen passenden Ort wählen, um dieses Thema mit ihrer Tochter zu bereden. Erklären Sie ihr, wie schnell junge Männer erregt sind und wie der bloße Anblick eines Dekolletés ihre Hände kribbeln lässt. Gehen Sie nicht davon aus, dass Ihre Tochter das schon weiß. Wenn Sie es ihr nicht gesagt haben, weiß sie es vermutlich nicht.

Wenn Eltern sich bei mir beklagen, dass sie ständig mit ihren Kindern wegen der Kleidung im Clinch liegen, schlage ich in der Regel etwas sehr Einfaches vor: Legen Sie ein Budget fest, teilen Sie es durch die vier Jahreszeiten und geben Sie Ihren Kindern vier Mal im Jahr die Summe, die Sie für Kleidung angesetzt haben. Die Eltern sollten mit ihren Teenagern – insbesondere den jüngeren – in die Läden gehen.

Wenn Sie ihnen das Geld aushändigen, bitten Sie sie, einige

wichtige Entscheidungen zu treffen. Wollen sie 180 Euro für ein einziges Paar Sportschuhe ausgeben, oder kaufen sie sich für dieselbe Summe lieber eine Jeans, zwei T-Shirts und einen Pulli? Sie können freundliche Vorschläge machen: „Du weißt, dass du bereits sieben blaue T-Shirts im Schrank hast und dass du demnächst eine Winterjacke brauchst, oder?"

Bedenken Sie allerdings, dass Jugendliche mit fünfzehn, sechzehn Jahren anfangen müssen, selbst zu entscheiden, was sie tragen wollen und für welchen Kleidungsstil sie ihr Geld ausgeben möchten. Wenn sie finden, das Geld, das Sie ihnen zur Verfügung stellen, reicht nicht aus, können sie sich einen Job suchen und eigenes Geld hinzuverdienen.

Negative Haltung

Alle Eltern von Jugendlichen bekommen irgendwann einmal eine unverschämte Bemerkung zu hören. Das ist heutzutage anscheinend ein Übergangsritus unter Jugendlichen.

Es hat schon seinen Grund, warum ich Heranwachsende als „Hormongruppe" bezeichne. Ihre Hormone spielen verrückt, sie kämpfen um Unabhängigkeit und sie fühlen sich von ihren Eltern kontrolliert und bevormundet. Sehen wir den Tatsachen doch einmal ins Auge: Manchmal lassen wir zu langsam los, sind wir zu schnell mit Vorhaltungen dabei.

Sind Ihre Kinder generell verträglich und vergreifen sich nur gelegentlich im Ton Ihnen gegenüber, sollten Sie das nicht überbewerten. Jugendliche stehen heute unter enormem Druck und jedem von uns rutscht mal etwas heraus, wenn wir uns unter Druck fühlen. Manchmal ist es am besten, die Bemerkung einfach zu überhören und aus dem Zimmer zu gehen. Dann ereilt die Kinder vielleicht die Einsicht und sie laufen Ihnen hinterher, um sich zu entschuldigen. Dann nehmen Sie die Entschuldigung an und betrachten die Angelegenheit als erledigt. (Erwarten Sie aber nicht, dass das passiert!!!)

Für manche Jugendliche sind beleidigende Worte an ihre Eltern eine Art Lebensstil. Aber dazu muss es nicht kommen. Worauf Sie aber gefasst sein sollten: Eines Tages werden Ihre Kinder aufwachen und praktisch alles hinterfragen, was Sie ihnen beigebracht haben, und auch alles, worum Sie sie bitten. Der Psychologe Bruce Narramore erläutert: „Es ist, als öffne sich das Hirn (der Heranwachsenden) und eine Schrift leuchte auf: ‚Sieh nur, wie kindisch du bisher warst. Dein ganzes Leben lang haben dir Eltern und Lehrer gesagt, was du tun und wie du denken sollst. Glaubst du wirklich alles, was sie dir beigebracht haben? Willst du immer Kind bleiben, oder willst du lernen, für dich selber zu denken und erwachsen zu werden und wie deine Eltern zu werden und deine eigenen Entscheidungen zu treffen?‘"[23]

> *Eines Tages werden Ihre Kinder praktisch alles hinterfragen, was Sie Ihnen jemals beigebracht haben. Und das ist notwendig.*

Sie müssen verstehen, dass dieses Hinterfragen von Autorität und die negative Einstellung zum Teil eine normale Phase in der Entwicklung zum Erwachsensein ist. Ihre Kinder „probieren die Welt aus", sie werfen ihren Panzer ab und versuchen, ihren Platz in dieser Welt zu finden.

Eine solche Phase ist denn auch notwendig, wenn Ihre Kinder jemals das Haus verlassen und auf eigenen Füßen stehen sollen. Jungen Ehepaaren sage ich immer, sie können sich nicht aufeinander verlassen, wenn sie nicht wirklich zuvor ihre Eltern verlassen.

Glücklicherweise, so führt Bruce Narramore aus, „werfen die meisten Teenager die Werte ihrer Eltern nicht über Bord, lassen sich nicht unüberlegt auf das Gegenteil ein oder rebellieren ernstlich, während sie ihr Verständnis von sich und anderen neu formen. Doch fast alle durchlaufen ein

Stadium, in dem sie zumindest ein wenig Negativismus in sich haben und austesten, inwieweit sie für sich selber Verantwortung übernehmen, ihre eigenen Entscheidungen treffen und ihre persönlichen Normen auswählen können. Damit wollen sie beweisen, dass sie nicht mehr von Ihnen abhängig sind. Haben Ihre Teenager das erst einmal geschafft, können sie viele Ihrer Werte und Auffassungen übernehmen und mit eigenen Vorbildern, Auffassungen und Sichtweisen ergänzen."[24]

Natürlich brennt Ihnen vermutlich eine Frage auf den Lippen: Aber wie viel Negativismus ist zu viel?

Bruce Narramore hat eine Liste negativer Verhaltensweisen zusammengestellt, die in der Pubertät „normal" sind:

Normale negative Haltung
- Gesteigertes Durchsetzungsbemühen
- Mehr direkte Meinungsäußerungen über Kleidung, Freizeitgestaltung, Politik und Familienaktivitäten
- Gesteigerte „Vergesslichkeit" von Hausarbeiten und Verpflichtungen innerhalb der Familie
- Beschwerden über Hausarbeiten und Familienaktivitäten
- „Herumblödeln" und sich verrückt aufführen, vor allem bei Freunden
- Entscheidungen treffen, denen die Eltern womöglich nicht zustimmen
- Geheimnisse vor den Eltern haben
- Gelegentlicher Eigensinn, Sturheit
- Zeitweise kritische oder verurteilende Haltung gegenüber Eltern oder anderen Autoritätspersonen

Natürlich kann jedes dieser Merkmale für sich genommen für die Eltern schon extrem ärgerlich sein. Doch zwei oder drei zusammengenommen lassen uns verstehen, warum die Adoleszenz eine so anstrengende Zeit sein kann! Ein weitaus kleinerer

Prozentsatz von Teenagern legt gravierendere Merkmale an den Tag, die über das normale, gesunde Maß hinausgehen.

Unangemessene negative Haltung

▸ Chronische Reizbarkeit und Negativismus
▸ Auflehnung oder Trotz
▸ Eine „Mir-egal"-Haltung gegenüber Eltern und allen Autoritätspersonen
▸ Häufige Phasen von Deprimiertheit oder Wut
▸ Besonders langes Zurückziehen zum Schmollen[25]

Diese letztgenannten Symptome zeigen an, dass etwas schief gelaufen ist. Entweder leiden Ihre Kinder an mangelndem Selbstbewusstsein aufgrund eines fehlenden Zugehörigkeitsgefühls zu Ihrer Familie, oder sie schreien um Hilfe. Dann sollten Sie unbedingt einen professionellen Berater aufsuchen. Vielleicht sagt Ihnen der Berater nach weiterer Diagnose, dass die Reaktionen Ihrer Kinder noch in den „normalen" Rahmen passen. In jedem Fall kann Ihnen ein Außenstehender wertvolle Ratschläge geben und Sie beruhigen und unterstützen.

Übrigens: Wenn Sie meinen, Ihre heranwachsenden Kinder brauchen einen Berater, gehen Sie nicht davon aus, dass Sie sie einfach dort absetzen können. Wenn ich mit Jugendlichen rede, bestehe ich auch auf einem Gespräch mit den Eltern – was für die meisten Berater gilt. Sie müssen ansprechen, was mit der ganzen Familie los ist: Kommunikation, Bestätigung, Disziplin – das ganze Umfeld.

Zur Erinnerung:

▸ Eine der besten Arten, die Kommunikation mit Ihren heranwachsenden Kindern zu verbessern, ist, keine Fragen mehr zu stellen.

▸ Wenn Ihre Kinder sehr beschäftigt sind, erlassen Sie ihnen ein paar Haushaltspflichten.

▸ Überlegen Sie gut, auf welche Kämpfe um die Kleiderordnung Sie sich einlassen. Über Geschmack lässt sich nicht streiten. Und lassen Sie ihnen mehr Spielraum in Modefragen.

▸ Machen Sie sich auf ein gewisses Maß an negativer Haltung gefasst. Suchen Sie einen Berater auf, wenn die negative Haltung dauerhaft oder übermäßig wird.

8
Risikobereitschaft gefragt

Mir sind schon viele Eltern begegnet, die zu wissen glauben, was das Beste für ihre Kinder ist und die sie entsprechend streng und autoritär erziehen. Acht, neun Jahre lang scheint diese Methode ja auch perfekt zu funktionieren. Sie sagen: „Spring!", und ihr Sohn fragt: „Wie hoch?". Sie lassen ihre Tochter „Danke!" sagen, und sie tut es auf Kommando. Diesen Eltern macht es besonders viel Spaß, mit ihren Kindern anzugeben, und sie strahlen vor Zufriedenheit, wenn jemand ihre wohlerzogene Brut lobt.

Aber spätestens, wenn diese Kinder in die Pubertät kommen, trägt ein solcher Erziehungsstil nicht mehr. Und die Eltern sind verwirrt. Sie kommen in meine Praxis und sagen: „Wir wissen überhaupt nicht, was mit unseren Kindern los ist! Sie waren doch so folgsam und haben getan, was wir von ihnen wollten. Jetzt hören sie uns nicht einmal mehr zu!"

Wissen Sie, welchen Fehler diese Eltern machen? Sie glaubten, ihre Kinder seien wohlerzogen und folgsam. In Wirklichkeit aber haben sie Kinder erzogen, die sich leicht manipulieren lassen.

Was passiert mit Kindern, die gelernt haben, sich manipulieren zu lassen, wenn sie älter werden, wenn ihnen die Hormone zu Kopfe steigen und sie mehr mit Gleichaltrigen zusammen sind? Glauben Sie, sie lassen sich dann auf einmal nicht mehr manipulieren? Nie im Leben! Sobald Ihre Kinder Teenager werden, stellen Sie sich am besten auf turbulente Zeiten ein. Die Clique kann es kaum abwarten, ihre Zähne in das Fleisch derjenigen zu schlagen, die sich in ihrer Kindheit leicht kontrollieren ließen.

Erziehung am Rande des Abgrunds

Einige Eltern werden ganz gewiss nicht gerne hören, was ich in diesem Kapitel zu sagen habe. Ich bitte Sie lediglich, dass Sie mich erst einmal ganz anhören.

Die siebzehnjährige Gina war innerlich und äußerlich eine attraktive junge Frau. Blonde Haare, blaue Augen, eine sportliche Figur und ein offenes Wesen. Und vor allem klare Überzeugungen. Alle mochten sie und die Jungen lagen ihr zu Füßen. Doch Gina hielt nichts von zu frühen Freundschaften und wechselnden intimen Kontakten. Sie hätte fast alle Jungen der Klasse haben können. Aber sie blieb ihren Werten treu und achtete gut auf sich selbst.

Es verwundert wohl kaum zu hören, dass Gina eine enge Beziehung zu ihrer Mutter hatte. Die beiden redeten über alles. Anstatt nur zu warten, dass Gina abends nach Hause kam und dann beruhigt zu Bett zu gehen, führte Ginas Mutter lange Gespräche mit ihrer Tochter und redete über alles – von der Verabredung an dem Abend selber bis zu den heikleren Themen unserer Gesellschaft. Mutter und Tochter blieben manchmal bis nachts um zwei auf und redeten.

Gute Entscheidungen zu treffen, muss man lernen. Und um es lernen zu können, braucht man Gelegenheiten, es zu üben. Geben Sie Ihren Kindern diese Gelegenheiten rechtzeitig.

An einem Freitag kam Gina heim und sagte, sie wolle auf eine Party gehen, wo alle hingingen, auf die größte Party im ganzen Schuljahr. Wegen ihrer offenen Beziehung erzählte Gina ihrer Mutter, dass sie etwas gemischte Gefühle hätte. Sie wusste, dass manche Leute rauchen und trinken würden, womöglich würde auch Pot geraucht werden. Und doch wollte sie unbedingt auf diese Party.

Es wäre für Ginas Mutter so einfach gewesen, besorgt und abweisend zu sein: „Du gehst auf gar keine Party, meine Dame, wo Pot geraucht, getrunken und wer weiß was noch alles gemacht wird! Du bleibst schön zu Hause!"

War sie aber nicht. Sie verhielt sich sehr mutig und überließ Gina die Entscheidung. Sollte Gina gehen wollen, bot ihre Mutter ihr an, sie zu fahren.

Gina erwog alles, was dafür und was dagegen sprach, und teilte ihrer Mutter mit, dass sie noch immer hin wollte. Ihre Mutter war verständlicherweise besorgt, traf aber eine weitere kluge Entscheidung. Sie brachte Gina zu der Party, doch bevor Gina ausstieg, sagte sie: „Gina, ich fahre bis zur nächsten Straßenecke und warte da eine halbe Stunde. Wenn es nicht so läuft, wie es laufen sollte, kannst du gerne rauskommen und ich bringe dich wieder heim."

Mit gemischten Gefühlen sah die Mutter ihre Tochter weggehen. Sie war sehr besorgt und schickte einige Gebete zum Himmel. Zwanzig Minuten später atmete sie erleichtert auf, als Gina wieder ins Auto stieg.

„Mama, die führen sich auf wie im Zoo!", rief Gina aus. „Ich habe es nicht ausgehalten! Da waren auch ein paar Ältere dabei – von anderen Schulen und auch von der Uni. Sie haben getrunken und sich blöd benommen. Lass uns nach Hause fahren."

Mancher Leser findet das Verhalten von Ginas Mutter vielleicht albern. Was, wenn Gina geblieben und ernsthaft in Schwierigkeiten geraten wäre? Aber ich denke, Ginas Mutter war eine mutige, kluge und liebevolle Frau. Sie hatte eine enge Beziehung zu ihrer Tochter und kannte sie gut genug, um ihr zu vertrauen. Es wäre ein Leichtes für sie gewesen, einfach nein zu sagen. Doch sie gestand ihrer Tochter das Recht zu, sich selbst für oder gegen die Party zu entscheiden. Gina war in einer Familie groß geworden, wo sie von Anfang an gelernt hatte, gute Entscheidungen zu treffen. Gina stand zwar vor einer anspruchsvolleren Entscheidung als je zuvor, doch sie hatte schon zuvor reichlich Entscheidungen zu treffen gehabt. Als dann diese Bewährung kam, bestand sie sie glänzend.

So war Gina denn auch gut vorbereitet, als sie an die Uni kam. Aus meiner Zeit, als ich an der Uni gearbeitet habe, weiß ich noch allzu genau, wie Jugendliche, die nie ihre eigenen Entscheidungen treffen durften, an Parties gar nicht genug bekommen konnten, sobald ihnen erst der Duft der Freiheit um die Nase wehte. Sie wussten einfach nicht, wie man gute Entscheidungen trifft, wenn keine Eltern da waren, die sie sonst für sie trafen.

Leitlinien geben und Fehler zugestehen

Man muss Kindern und Heranwachsenden reichlich Gelegenheit geben, für sich selber zu entscheiden, *besonders solange sie noch offen sind für die Führung durch die Eltern.* Ich habe einmal eine meiner Töchter frustriert, als sie unbedingt von mir eine Zeit hören wollte, wann sie wieder zu Hause sein sollte.

Sie war über hundert Kilometer entfernt bei einem Basketballspiel und das Team wollte noch Pizza essen gehen. Aber irgendwie hatten sie sich verspätet. Jetzt wollte sie wissen, wann sie angesichts der neuen Umstände daheim zu sein hätte. Ich wurde vom Telefon geweckt. Unser Gespräch verlief ungefähr so:

„Hallo?"

„Papa, Papa", rief eine Stimme. Ich erkannte Krissy am anderen Ende der Leitung.

„Wer ist da?", fragte ich.

„Papaaa."

„Hallo, Krissy."

„Ich wollte nur fragen, wann ich heute Abend zu Hause sein soll."

„Schatz, wie spät ist es?"

„Viertel vor elf."

„Gut. Dann komm zu einer vernünftigen Zeit nach Hause, ja?"

„Papa, sag mir doch bitte eine genaue Uhrzeit, wann ich da sein soll. Wir sind in einer Pizzeria und das Team ist noch nicht einmal hier."

„Krissy, sei einfach zu einer vernünftigen Zeit da."

„Papa, sag mir doch bitte ..."

Klick.

Ich legte auf und begab mich wieder zur Ruhe.

Vierzig Minuten später klingelte das Telefon schon wieder und weckte mich zum zweiten Mal innerhalb einer Stunde.

Ich war gar nicht so erfreut, schon wieder das vertraute „Papa, Papa!" am anderen Ende der Leitung zu vernehmen.

„Wer ist denn da?", grummelte ich.

„Papaaa."

„Was gibt's denn, Krissy?"

„Würdest du mir jetzt bitte sagen, wann ich zu Hause sein soll?"

„Schatz, das hatten wir schon und meine Antwort kennst du bereits. Sei zu einer vernünftigen Zeit daheim." Ich legte auf, bevor sie weiter diskutieren konnte.

> Man muss Heranwachsenden reichlich Gelegenheit geben, für sich selber zu entscheiden, besonders solange sie noch offen sind für die Führung durch die Eltern.

Krissy war gegen eins zu Hause, was unter den gegebenen Umständen sehr vernünftig war. Ich weiß, dass sie um die Zeit zurück war, weil ich das Garagentor gehört habe. Trotz der Tatsache, dass ich schon eingeschlafen und etwas unsanft mit Krissy umgesprungen war, werden alle Eltern von Jugendlichen wissen, wovon ich rede: Man schläft niemals *wirklich* tief, bis die Jugend wieder sicher zu Hause angekommen ist.

Eine Reihe von „Experten" mag jetzt anderer Meinung sein und darauf bestehen, dass ich Krissy eine feste Zeit hätte nennen sollen, verbunden mit einem Ultimatum: „Du bist um eins zu Hause, oder du brauchst dir keine Hoffnungen zu machen, jemals wieder am Freitagabend das Auto zu bekommen!" Nach meinem Dafürhalten ist eine junge Erwachsene, die Auto fahren darf, auch in der Lage, selbst zu bestimmen, wann sie am besten wieder zu Hause ist.

Wenn Sie Ihren Kindern nie zugestanden haben, Fehler zu machen, haben Sie sie auch nicht mit der Freiheit ausgestattet, Erfolg zu haben.

Ich weiß, dass manche Eltern dagegenhalten könnten: „Wenn ich meiner Tochter sagen würde, sie soll um eine vernünftige Zeit zu Hause sein, käme sie morgens um Viertel nach vier angetaumelt." Nun, wenn Krissy das gemacht hätte, hätte sie zum letzten Mal abends mein Auto gehabt.

Es kann für Söhne und Töchter ein schmerzhafter Prozess sein, ihre eigenen Entscheidungen zu treffen. Doch Eltern, die überfürsorglich sind, lassen ihren Kindern keine Gelegenheit, ihre eigenen Ressourcen auszubilden.

Nach meinem Eindruck begehen viele Eltern heutzutage einen tragischen Fehler, indem sie ihren Kindern alle Hindernisse und Schwierigkeiten aus dem Weg räumen. Will heißen: Wir glauben, wir wissen, was das Beste für unsere Kinder ist, und da wir wissen, was das Beste für sie ist, geben wir ihnen nicht genügend Gelegenheit, Entscheidungen zu treffen. Wenn sie also in Situationen geraten, wo sie lebensverändernde Entscheidungen treffen müssen, sind sie nur schlecht vorbereitet, da sie sich niemals in diesen Bereich vorgewagt haben.

Um es ganz offen zu sagen: Wenn Sie Ihren Kindern nie die Freiheit gelassen haben zu versagen, haben Sie sie auch nicht mit der Freiheit ausgestattet, Erfolg zu haben. Sie garantieren ihnen vielmehr, dass sie versagen werden.

Wenn ich das in einem Seminar erwähne, meldet sich bestimmt jemand und protestiert: „Moment mal! Das geht jetzt aber zu weit! Meine Frau und ich wissen, was am besten ist für unsere Kinder. Und zu Hause haben wir Regeln und Vorschriften, die alle zu befolgen haben, egal wie sie sich fühlen. Es ist mir ganz gleich, ob sie zwei oder zehn oder zwanzig Jahre alt sind. Solange sie ihre Füße unter meinen Tisch strecken, haben sie zu tun, was ich ihnen sage. Und damit basta."

Ich lasse den Mann ausreden und erwidere dann: „Sie haben ja Recht. Was ich hier aber hervorzuheben versuche, ist: Wenn Sie Ihren Kindern nicht ein gewisses Maß an Freiheit lassen, damit sie ihre eigene Wahl treffen können, werden sie allen möglichen Problemen ausgesetzt. Und wenn sie dann vor den wichtigsten Entscheidungen ihres Lebens stehen, fällt es ihnen womöglich schwer, die richtige Wahl zu treffen."

Gina war immerhin siebzehn und in der Oberstufe, als sie zu einer großen Party eingeladen war. In einigen Monaten würde sie das Elternhaus verlassen und ganz auf sich gestellt sein. Ihre Mutter wusste, dass es an der Zeit war, ihre Tochter selbstständig entscheiden zu lassen.

Damit will ich sagen: Jugendliche zu erziehen ist immer ein Risiko. Manche Eltern fürchten jegliche Art von Risiko; sie hassen es, dass sie Leben und Entscheidungen ihrer Kinder nicht absolut unter Kontrolle haben.

Jugendliche zu erziehen ist immer ein Risiko.

Also beseitigen sie jede Möglichkeit, dass sie jemals eine falsche Entscheidung treffen könnten.

Das endet häufig tragisch. Die Frage ist nicht, *ob* Ihre Kinder eigene Entscheidungen zu treffen haben, sondern *wann*. Werden sie dann gut ausgerüstet sein?

Das richtige Gleichgewicht finden

Häufig werde ich gefragt: „Soll ich die Zeit überwachen, die meine heranwachsenden Kinder mit Freunden verbringen?" Aus dem Vorausgegangenen werden Sie schon mitbekommen haben, dass ich kein Fan des Wortes *überwachen* bin; das hört sich so nach allzu kontrollierenden Eltern an, die ihren Kindern ständig über die Schulter schauen. Ich kann es nicht häufig genug sagen: Je älter Ihre Kinder werden, umso mehr muss sich Ihr Erziehungsstil anpassen. Die Kinder werden für mehr Unabhängigkeit kämpfen; wenn Sie sie ihnen nicht gewähren, werden sie sie sich nehmen! Sie werden mit ihren Freunden zusammen sein wollen und – das ist das Beunruhigende daran – sie wollen zunehmend selbst bestimmen, wen sie sich als Freunde aussuchen.

Wenn Sie Ihre Kinder vor deren Pubertät richtig erzogen haben, dürfte die Auswahl der Freunde kein allzu großes Problem darstellen. Zu diesem Zeitpunkt kommt es darauf an, dass Sie von Ihren Kindern erwarten, dass sie sich verantwortungsbewusst an ihre eigenen Normen halten. Am besten können Sie Ihre Teenager im Blick behalten (und damit meine ich nicht: kontrollierend im Blick behalten!), indem Sie Ihr Zuhause so gestalten, dass die Freunde Ihrer Kinder gern zu Ihnen kommen. Ja, das kostet etwas Geld, immer genug Getränke, Pizza und Chips für die Teens im Vorrat zu haben; ja, Sie opfern dabei ein Stück Ihrer Privatsphäre; doch Ihre Kinder sind bei Ihnen im Haus und Sie bekommen eine ungefähre Vorstellung davon, was gerade Sache ist.

Die Frage ist nicht, ob Ihre Kinder eigene Entscheidungen zu treffen haben, sondern wann. Werden sie dann gut vorbereitet sein?

Natürlich ist das alles altersabhängig. Für jüngere Jugendliche habe ich eine Regel, die vielen Eltern in unserer Gesellschaft gegen den Strich geht. Unsere jüngeren Kinder übernachten fast niemals bei anderen Leuten. Vielleicht bin ich hier außergewöhnlich sensibel, doch man kann wirklich nie genau wissen, was bei anderen Leuten passiert. In meiner Beratungspraxis hatte ich Gespräche mit den anscheinend respektabelsten Familien der ganzen Stadt, bei denen herauskam, dass hinter verschlossenen Türen die verrücktesten und sogar perversesten Dinge passierten.

Elternsein muss immer neu ausbalanciert werden. Zwischen zwölf und zwanzig müssen wir unsere Kinder jedes Jahr etwas mehr loslassen. Diesen Prozess nenne ich „sie festhalten und sie gehen lassen". Wir müssen lernen, uns immer ein bisschen mehr von unseren Kindern zu verabschieden: Wenn sie über Nacht bei den Großeltern sind, wenn sie an einem Zeltlager teilnehmen und schließlich, wenn sie wochenlang aus dem Haus sind, weil sie eine Ausbildung machen oder studieren.

Was sich für einen Dreizehnjährigen bewährt hat, gilt für einen Siebzehnjährigen nicht mehr. Bei der Erziehung Jugendlicher veralten „Regeln" fast ebenso schnell, wie sie aufgestellt wurden. Erziehung von Teenagern ist ein andauernder, fließender Prozess. In dieser Phase wachsen sie so schnell, dass es mehr darum geht, Beziehungen aufzubauen als nach festen, unumstößlichen Regeln zu leben.

Zur Erinnerung:

▸ Kinder, die sich leicht von ihren Eltern kontrollieren lassen, lassen sich genauso leicht von Gleichaltrigen manipulieren.

▸ Kinder, die nie die Freiheit hatten, ihre eigenen Entscheidungen zu treffen, sind nicht darauf vorbereitet, in der wirklichen Welt zu leben.

▸ Jugendliche zu erziehen heißt, die richtige Balance zwischen Festhalten und Gehenlassen zu finden.

9
Eltern wie Gift

Wir haben sie alle schon einmal gesehen. Sie kritisieren ständig herum, auch an ihren Kindern. Sie sind erstickend und kontrollieren jede Bewegung, die ihre Kinder machen. Sie brüllen und schimpfen, wenn ihre Kinder auf dem Fußballplatz nicht genug zum Einsatz kommen. Sie sind so getrieben von ihrer Karriere, dass ihre Kinder sich vernachlässigt fühlen. Wir sehen diese Eltern überall – im Supermarkt, in der Gemeinde, in der Bücherei. Sie sind Ärzte, Anwälte, Hausfrauen und Pfarrer.

Ich bezeichne solche Eltern als „giftig".

Sie sind wirklich ätzend.

Vielleicht kennen Sie solche Eltern.

Vielleicht sind Sie selbst solche Eltern.

Wenn Sie sich beim Lesen dieses Kapitels in einigen Wesensmerkmalen „giftiger" Eltern wiederfinden, kann ich Ihnen, denke ich, Hilfe bieten.

Ständige Kritisiererei

Susan machte eine bestürzende Entdeckung über sich selbst, als sie ihrer Tochter Nicole beim Spielen mit Puppen zuschaute. Mit zwölf war Nicole gerade an der Schwelle zur Pubertät. Wenn keine Freundinnen dabei waren, spielte sie gelegentlich noch mit ihren Puppen, obwohl sie im Boden versunken wäre, wenn ihre Klassenkameraden das herausgefunden hätten.

Eines Tages wollte Susan in Nicoles Zimmer Wäsche in den Schrank legen. Nicole hatte eine ihrer Puppen in den Hochstuhl gesetzt und tat so, als wolle sie sie füttern.

„Ich habe dir doch gesagt, du sollst frühstücken, und zwar jetzt", verlangte Nicole. Sie hatte so einen ernsten, bedrohlichen Ton in der Stimme, dass Susan einfach lachen musste.

Doch das Lachen verging ihr, als Nicole immer heftiger mit der Puppe schalt: „Du bist so ein ungezogenes Mädchen! Pass bloß auf, sonst fängst du dir eine! Wenn du weiter heulst, gebe ich dir erst mal Grund zum Heulen!"

Woher hatte Nicole diese barsche Haltung? Susan erschrak. Sie musste sich eingestehen, dass Nicole sie nur von einer einzigen Person abgeguckt haben konnte: von ihr selbst.

Susan schossen die Tränen in die Augen, als ihr klar wurde, dass sie Nicole (ihre Älteste) und ihre anderen Kinder genau so behandelt hatte, wie Nicole jetzt mit ihrer Puppe umging. Susan war das nie zuvor aufgegangen, doch sie gab genau die kritische Haltung und Mäkelei weiter, die sie selbst von ihren Eltern übernommen hatte. Im Moment schimpfte Nicole ihre Puppe aus, doch Susan war klug genug zu merken, dass sie ihren Erziehungsstil und ihre Erziehungsmethoden ändern musste, damit Nicole in ein paar Jahren ihrer eigenen Tochter nicht dieselbe Behandlung angedeihen ließe.

Susan ging auch auf, dass sie ihren Mann fast genauso behandelte wie ihre Tochter. Sich in diesem Spiegel selbst zu erkennen, war alles andere als angenehm. Es kostete Susan nicht wenige Tränen. Doch sie schaffte es auch, sich zu ändern, ihre Zunge im Zaum zu halten und erst nachzudenken, bevor sie etwas im Zorn sagte.

Ständige Kritik an unseren Kindern ist keine Verbesserungsmaßnahme; allzu oft „verprügeln" wir sie mit Worten.

Ständiges Kritisieren ist womöglich einer der häufigsten Fehler, den wohlmeinende Eltern begehen. Wir meinen leicht, dass wir unsere Kinder zu „bessern" versuchen, während wir sie buchstäblich mit Worten verprügeln. Eine Jugendliche klagte ihr Leid: „Ich bin Teenager, gebe mir große Mühe und bin wirklich gut in der Schule. Außerdem habe ich einen Teilzeitjob. Ich trinke nicht, rauche nicht und nehme keine Drogen. Ich versuche, eine gute Tochter zu sein, aber ganz egal, was ich mache, mein Vater brüllt mich dauernd an. Ich weine mich abends in den Schlaf, weil mir mein Vater das Gefühl gibt, ein so schrecklicher Mensch zu sein, der alles falsch macht."[26]

Ich wünschte, ich könnte sagen, die Erfahrung dieses Mädchens wäre einzigartig. Leider kann ich das nicht. Es gibt Hunderttausende relativ normaler, gutwilliger Kinder, die ständig mit Kritik überschüttet werden. Manchmal kann die Kritik mehr physisch als verbal sein: Mütter, die Flusen vom Pullover ihrer Kinder zupfen oder ihrer fünfzehnjährigen Tochter das Haar glätten – alles im Beisein von Freunden. Dieses Verhalten ist bei Teenagern unangemessen; sie fühlen sich äußerst unbehaglich und extrem peinlich berührt.

Woher kommt diese negative Haltung von Eltern? Nach meiner Beobachtung setzen kritisierende Eltern in den meisten Fällen – wie übrigens auch bei Susan – ein Verhaltensmuster fort, das sie von ihren eigenen Eltern kennen. Susans Selbsterkenntnis war erst der Beginn. Für sie war es nicht damit getan, sich selbst zu verzeihen, wie sie ihre Tochter behandelt hatte, und es zu schaffen, Nicole nicht mehr so zu behandeln. Um ihre kritische Haltung zu überwinden, musste sie sich auch die Beziehung zu ihrer Mutter anschauen und Vergebung in diese Beziehung bringen.

Wenn Sie glauben, Sie könnten unter diese Kategorie fallen – und viele Eltern glauben das – müssen Sie sich mit Ihrer eigenen Familiengeschichte beschäftigen.

Ererbte Muster

Ein Freund von mir gelangte zu einer schockierenden Einsicht, als er an einem heißen Julinachmittag mit seinen Kindern in einen Wasserfreizeitpark ging. Irgendwann im Laufe des Tages kaufte er seinen Kindern ein Eis. Da, so erzählte er, „erhaschte ich einen Blick auf einen fetten Typen in Badehose. Mein erster Gedanke war: *Mensch, dieser Kerl muss unbedingt ein paar Kilo abnehmen.* Dann hatte ich eine furchtbare Erkenntnis. Ich trat ein paar Schritte zurück, tja, da gab es keinen Zweifel – ich hatte mein eigenes Spiegelbild im Schaufenster des Geschenkeladens gesehen."

Kinder kritischer Eltern werden häufig dieselbe Erfahrung machen – natürlich nicht mit ihrem Gewicht, sondern mit einem kurzen Blick auf eine lästige Angewohnheit oder eine herablassende Haltung. Wenn Ihre Eltern überkritisch waren, steht Ihnen eine Menge Arbeit bevor, wenn Sie nicht Ihre Ehe zerstören und Ihre Kinder von sich entfremden wollen. Glauben Sie nicht auch nur für einen Augenblick, dass Sie „davongekommen" sind. Das sind Sie nicht. Werfen Sie mal einen langen, aufrichtigen Blick auf Ihr Verhalten und Ihren Erziehungsstil. Dann erkennen Sie womöglich einen kritischen Vater, eine nörgelnde Mutter, Typen, die man nicht gerne um sich hat. Und wenn dem so ist, verzweifeln Sie nicht. Toben Sie nicht. Seien Sie dankbar, dass Sie etwas über sich selbst gelernt haben und dass Sie daran arbeiten können, etwas zu ändern.

Wir als Eltern von Jugendlichen müssen zwar gelegentlich kritisch sein, doch wir müssen auch die Grenze erkennen, wann Kritik zur verletzenden Gewohnheit wird und die Grenze zum Missbrauch, zur Beleidigung überschreitet. Nach einer telefonischen Befragung war bei Eltern von Jugendlichen die Neigung am größten, ihre Kinder verbal zu beleidigen.[27] Unsere Erwartungen an unsere Kinder sind häufig so hoch. Aber warum müssen wir uns immer so negativ ausdrücken? Warum schreiben Lehrer üblicherweise die Anzahl der Fehler unter einen Rechtschreibtest und nicht die „Pluspunkte"? Warum tun

Werfen Sie immer wieder mal einen langen, aufrichtigen Blick auf Ihr Verhalten und Ihren Erziehungsstil.

manche Eltern so, als sei eine 2 oder 3 ein Kapitalverbrechen oder als müsse man sich dafür schämen, im Orchester in der zweiten Reihe zu sitzen? Warum kann ein Mädchen nicht akzeptieren, eine durchschnittliche Turnerin zu sein, die in Form bleibt und Spaß dabei hat, anstatt dazu gezwungen zu sein, die nächste Turnweltmeisterin zu werden?

Nur weil Kritik weit verbreitet ist, ist sie noch lange nicht unschädlich. So sagt denn auch Richard Weinberg, Experte für die Entwicklung des Kindes an der Universität Minnesota, unmissverständlich: „Diese Art der Beleidigung (auf unsere Teenager zu fluchen, sie herabsetzend zu beschimpfen, ihnen mit einem Rauswurf zu drohen) ist so schlimm wie ein Schlag ins Gesicht, vielleicht noch schlimmer ... Diese verbalen Ausfälle machen mir große Sorgen, denn wie sollen sich Kinder wohl fühlen, wenn sie so etwas zu hören bekommen?"[28]

Die telefonische Umfrage fand heraus, dass Eltern ihre Kinder als „blöd" oder „faul" oder ähnlich beschimpften. Etwa ein Drittel hatte ihre Kinder tatsächlich schon einmal verwünscht, ein Fünftel hatte gedroht, einen Jugendlichen aus dem Haus zu werfen.

Das Schlimmste daran ist, dass diese Beschimpfungen sich nicht nur zerstörerisch auf das Eltern-Kind-Verhältnis auswirken, sondern einen Teufelskreis in Gang setzen: Kinder, die angebrüllt werden – wie in Susans Fall – werden weitaus eher wieder auf dieses Verhaltensrepertoire zurückgreifen, wenn sie selber Eltern sind.

Aus dem Teufelskreis aussteigen

Wie können Sie aufhören, kritisch zu sein? Zunächst einmal treffen Sie eine Grundentscheidung: Konzentrieren Sie sich auf die wirklich wichtigen Dinge. Machen Sie aus einer Mücke keinen Elefanten und lassen Sie Ihren Kindern in weniger wichtigen Dingen freie Hand. Im Zusammenleben mit Teenagern werden Sie genug wichtige Dinge zu ver-

handeln haben; es hat also keinen Sinn, sich über Kleinigkeiten aufzuregen. Außerdem ist ständige Kritik eine extrem
erfolglose Kommunikationsart. Wenn Sie Ihre Kinder
ständig kritisieren, werden Ihre Kinder lernen abzuschalten.
Und dann entgehen ihnen sowohl die wichtigen wie auch die
unwichtigen Korrekturen. Sparen Sie sich Ihre Korrekturen
für dann auf, wenn sie wirklich angebracht
sind.

Zweitens: Lernen Sie, Ihren Kindern etwas
Positives zu sagen. Stehen Sie mit dem guten
Vorsatz auf, etwas Positives zu finden. Gibt
es wirklich einmal nichts, worin Sie Ihre
Kinder bestärken könnten, dann sagen Sie

*Ständige Kritik ist eine
extrem erfolglose
Kommunikationsweise.*

wenigstens etwas Liebenswürdiges wie: „Ich hoffe, du hattest
einen ganz tollen Tag, Schatz." Zu lernen, eine überkritische
Einstellung aufzugeben, ist ein täglich, manchmal stündlich
neu gefasster Vorsatz.

Drittens: Finden Sie etwas, was Ihre Kinder gut können, und
bestärken Sie sie darin.

Vor vielen Jahren habe ich in einem Heim für verhaltensge-
störte Kinder Sport unterrichtet. Einer meiner Schüler war als
der Fette Bobby bekannt. Bobby war so dick wie groß; ein paar
Zentimeter kleiner, und ich schwöre, dann wäre er rund
gewesen. Er hasste den Sportunterricht über alles, denn das
Lieblingsspiel der Kinder war eine Art Völkerball, bei dem sich
die beiden Mannschaften in der Turnhalle gegenüberstanden
und versuchen mussten, sich gegenseitig mit Bällen ab-
zuwerfen. Wer getroffen wurde, schied aus; wenn jemand den
Ball fing, war der Werfer draußen. Das Spiel geht so lang, bis
auf einer Seite keine Spieler mehr sind.

Bobby war natürlich immer der Erste, der raus musste.
Sobald ich das Startzeichen gegeben hatte, prallte ein halbes
Dutzend Bälle auf seinen umfangreichen Körper. Es war
demütigend und ich konnte unschwer erkennen, dass Bobby

zutiefst entmutigt war. Also dachte ich darüber nach, wie ich dieser Form von Kritik an ihm ein Ende bereiten konnte.

Eines Tages hatte ich eine Idee. „Alle auf den Boden mit euch", sagte ich. „Legt euch gegen die Wand, ganz parallel."

Die Kinder taten, wie ihnen geheißen – doch sie schauten mich an, als wollten sie sagen: *Was hat er denn jetzt wieder für eine blöde Idee?*

„So, und jetzt rollt ihr durch die ganze Turnhalle, berührt die Wand gegenüber und rollt wieder zurück. Das ist ein Wettrennen, aber ihr müsst liegen bleiben."

Sobald ich „Los" sagte, ging Bobby ab wie ein menschlicher Schlitten, der den Mount Everest hinunter schießt. Es war das Vergnüglichste, was ich je gesehen habe. Bobby streckte die Arme über dem Kopf aus und sah aus wie ein Bierfass an einem Hügel. Er stieß sich nach der einen Hälfte ab wie ein Olympiaschwimmer und hatte einen Vorsprung, den er bis zur Ziellinie locker verteidigte.

Raten Sie mal, was in unserer Klasse zum Ritual wurde!

Endlich hatte Bobby etwas, worauf er stolz sein konnte. Er war bereit, allen Spott zu ertragen (das war eine Sonderklasse, die Kinder waren in keinster Weise „nette" Kinder), solange er wusste, dass das Rollrennen bevorstand. Ich nannte ihn Rollender Robby, was sein Gesicht erhellte und mir sogar eine Umarmung von ihm eintrug.

Wenn Sie feststellen, dass Sie Ihre Kinder ständig für etwas kritisieren, was sie nicht gut machen, suchen Sie nach etwas, worin sie glänzen, und konzentrieren Sie sich darauf. Jedes Kind muss zu hören bekommen, dass es irgendetwas gut kann – das kann Theater, Sprache, Musik, Kunst oder Sport sein; die Begabung an sich spielt keine Rolle, wichtig ist, dass Sie etwas an Ihrem Kind entdecken, dem Sie wirklich uneingeschränkt positiv gegenüberstehen können.

Wenn es viertens in Ihrer Familiengeschichte den Hang zum Kritisieren gibt, sollten Sie überlegen, einen Berater aufzusuchen. Vielleicht brauchen Sie Unterstützung bei der Überwindung eines alten Musters.

Erdrückende Mütter und distanzlose Väter

Hier kommt eine erschreckende Nachricht: Ihre Kinder können tun, was immer sie tun wollen. Wenn sie sich mit ihren Kumpels betrinken wollen, können sie es. Wenn sie Dope rauchen wollen, können sie Wege finden. Wenn sie absolut entschlossen sind, um Mitternacht Häuser zu besprühen, können Eltern wenig dazu beitragen, es zu verhindern.

Ich habe schon Mütter ungläubig starren sehen, wenn sie entsetzt erfahren, dass ihr einst so bewundernswerter dreijähriger Sohn zu einem jungen Mann herangewachsen ist, der aus Spaß an der Freude Autofenster einschlägt, und dass ihre herzige Tochter fähig ist, Kleidung im Wert von 200 Euro zu klauen.

Sie können ein fünfjähriges Kind überwältigen, aber Sie können ein zwölfjähriges letztendlich nicht kontrollieren – und ein sechzehnjähriges erst recht nicht. Sie können Kindern Führung geben, doch die Gelegenheit, Kinder tatsächlich zu kontrollieren, wenn sie in die Pubertät eingetreten sind, ist extrem begrenzt.

Ein überbehütender Erziehungsstil ist das beste Rezept für familiäre Katastrophen.

Ihre Tochter weiß, dass Pfefferminzbonbons und sorgfältiges Verstecken der Flasche vermutlich ihren Alkoholkonsum verbergen. Ihrem Sohn ist klar, dass er Zigaretten und Pornoheftchen – ganz zu schweigen von Kondomen – verstecken kann, wenn er wirklich will.

Diese Wahrheit mag Sie erschrecken, aber Sie müssen sich unbedingt damit befassen. Und zwar aus folgendem Grund: Ein überbehütender Erziehungsstil ist das beste Rezept für

Unheil. Wenn ich von Teenagern höre, die in schreckliche Verbrechen verwickelt sind, sage ich oft: „Mit einiger Befugnis kann ich etwas zu diesen jungen Leuten sagen: Entweder haben sie von ihren Eltern viel zu viel bekommen, oder sie wurden vernachlässigt. Die Eltern haben es entweder zu gut gemeint oder sich gar nicht gekümmert."

Nachsichtiges Verwöhnen und grausame Vernachlässigung bringen dieselben krankhaften Persönlichkeiten hervor, durch die die jungen Menschen in allerlei Schwierigkeiten geraten.

Eine erdrückende, überbehütende Mutter wird in der Regel Ausreden für ihre Kinder erfinden. Die Tochter will die Schule schwänzen, um zu einem Konzert der Backstreet Boys in einer entfernten Stadt zu gehen? Mama schreibt ihr eine Entschuldigung. Töchterchen hat ihre Aufgabe im Haushalt nicht erledigt, aber eine heiße Verabredung? Mama zuckt mit den Schultern und lässt sie trotzdem ziehen.

Welchen Dienst erweisen solche Mütter ihren Kindern? Sie machen aus ihnen schwache und verantwortungslose Menschen. Meine Kinder wissen, dass ich für sie sterben würde, dass ich für sie sorge, sie beschütze, ihnen vergebe und sie liebe. Aber Sie wissen auch, dass ich *unter keinen Umständen Ausflüchte für sie erfinde oder für sie lüge*. Ich werde sie nicht schwächen, indem ich ihnen erlaube, persönliche Verantwortung zu meiden.

Wie viele Männer habe ich schon gesehen, die sich wegen ihrer Alkoholsucht hinter ihren Frauen „verstecken" oder sich von ihr vor dem Bewährungshelfer decken zu lassen. Diese „erwachsenen" Männer haben gelernt, dass Frauen Männer in Schutz nehmen und decken. Ich habe Frauen gesehen, die überhaupt nicht für die Ehe ausgerüstet sind und die erwarten, dass ihre Männer ihnen aus der Patsche helfen, wenn sie ihre Rechnungen nicht pünktlich bezahlt haben, denn „das hat mein Papa immer für mich erledigt".

Eltern, die Kinder mit dieser erdrückenden Affenliebe belagern, geben ihnen keinen Freiraum, auch Fehler zu machen. Damit erweisen sie sich und ihren Kindern einen Bärendienst.

Sehr sprechend ist in diesem Zusammenhang die Reaktion vieler Eltern auf die Schulnoten ihrer Kinder. Viele Eltern akzeptieren einfach nicht, dass ihr Kind nicht in jedem Fach hochbegabt ist und feilschen mit Lehrern und Schulleitung um Noten und Punkte. Sie setzen sich auf eine Weise für ihre Kinder ein, die für die Kinder alles andere als zuträglich ist. Denn auf diese Weise lernen die Kinder nicht, für sich selbst einzustehen.

In anderen Worten: Vielen Eltern geht es mehr darum, dass ihr Kind nach außen den Anschein eines Superschülers aufrecht erhält, als darum, dass es die Lerngewohnheiten und die Selbstdisziplin entwickelt, um wirklich ein guter Schüler zu sein. Das lässt sich noch weiterführen: Diese Eltern produzieren Heranwachsende, die *den Anschein erwecken*, erwachsen zu sein, aber die emotionale Reife vermissen lassen, die zu einem Erwachsenen gehört.

Väter: Abstand, bitte!

Väter können „belagernde Väter" werden, wenn sie es nicht fertig bringen, etwas mehr Distanz zu ihren heranwachsenden Töchtern zu halten. Die süße achtjährige, die noch gern auf Ihren Schoß gekrochen ist und Ihnen gern ein Küsschen gab, wird sich mit diesem Verhalten nicht mehr so wohl fühlen, wenn sie einmal vierzehn geworden ist. Nehmen Sie das nicht persönlich! Gehen Sie von sich aus ein wenig mehr auf Distanz und lassen Sie sie gehen. Wenn Sie eine kräftige Umarmung will, dann geben Sie sie gern. Aber drängen Sie keine körperlichen Zärtlichkeiten auf. Der Wunsch Ihrer

Ihre Kinder haben ein Recht darauf, in ihren Gefühlen respektiert zu werden.

Tochter nach Unabhängigkeit und Distanz ist natürlich. Sie sollten ihn respektieren.

Sie werden Ihre Kinder gut genug kennen, um zu spüren, was jeweils angemessen ist, denn auch hier gilt: Die Regeln ändern sich ständig. Mütter: Möchte Ihr Sohn wirklich noch vor den Augen seiner Freunde von Ihnen umarmt werden? Oder täte es ein Winken zum Abschied nicht auch? Väter: Ist es vielleicht Zeit, dass aus dem Kuss für Ihre Tochter ein ermunterndes Schulterklopfen wird? Achten Sie auf Hinweise und scheuen Sie sich auch nicht, direkt mit Ihren Kindern über diese Fragen zu reden.

Letztlich geht es immer darum, Respekt vor den Gefühlen Ihrer Kinder zu haben. Ihre Kinder werden langsam zu Erwachsenen, und sie haben das Recht, entsprechend behandelt zu werden.

Die Kontrolle immer mehr aus der Hand geben

Das Wichtigste zuerst: Sie müssen Ihren heranwachsenden Kindern mehr Freiraum lassen. Ich weiß, Sie brauchen auch Struktur und Ordnung. Aber selbst hier werden kreative Eltern einen Weg finden, ihre Kinder im Blick zu behalten, ohne sie zu erdrücken.

Sie müssen Jugendlichen einen dem Alter angemessenen Freiraum lassen.

Ich kenne zum Beispiel Eltern, die Checkout-Zettel in der Küche liegen hatten. Das mag sich zwar blöd anhören, ist eigentlich aber eine gute Idee, vor allem wenn beide Elternteile außer Haus arbeiten. Wenn John aus der Schule kommt, hinterlässt er eine kurze Nachricht: „Mama, ich bin bei Michael; komme um sechs Uhr wieder. Denk dran, ich habe um halb acht eine Bandaufführung."

Das verleiht John ein gewisses Maß an Freiheit – er kann seinen Freund besuchen, ohne es unmittelbar mit seiner Mutter abzusprechen, solange er seine Eltern wissen lässt, wo er ist. Sollte etwas Unvorhergesehenes eintreten, wissen Johns Eltern, wo sie ihn antreffen, doch John fühlt sich nicht ans Haus gefesselt, nur weil seine Eltern arbeiten sind.

Eine andere Übung, die ich kontrollierenden Eltern gerne verordne, heißt: „Ihren Kindern eine Werbebotschaft unterjubeln". Zu dieser Übung gehört es, die Kinder positiv zu ermutigen, anstatt sie mit negativen Dingen zu überwachen.

Erziehen Sie weniger durch Worte als durch die Realität: Jedes Verhalten hat Folgen, gute oder weniger gute.

Beispielsweise war ich kürzlich mit meiner fast vierzehnjährigen Tochter Hannah im Auto unterwegs. Ich sagte zu ihr: „Hannah, weißt du, wenn ich dich so aufwachsen sehe, bin ich richtig stolz auf dich. Du rufst nicht ständig Jungs an; du hast einfach viel Spaß mit deinen Freunden – und übrigens, du hast dir ein paar richtig tolle Freundinnen und Freunde ausgesucht."

Ich *beeinflusse* Hannah zwar, indem ich ihre eigenen guten Entscheidungen bekräftige, aber ich *kontrolliere* sie nicht. Ermutigung ist subtiler, respektvoller und letztendlich effektiver.

Und schließlich: Anstatt zu versuchen, Ihre Kinder durch Worte zu kontrollieren, erziehen Sie sie durch die Realität zur Verantwortlichkeit. Sagen wir einmal, Ihr Sohn Marc bringt einen Brief von der Schule mit, in dem im Wesentlichen steht, dass er seit über zwei Wochen seine Hausaufgaben nicht einmal anrührt. (Ein Warnzeichen übrigens, dass Sie Ihr Kind zu sehr kontrollieren ist, dass es schludrig oder lahm ist – beide Übel sind Symptome einer stillen Rebellion dagegen, dass es sich kontrolliert fühlt.)[29]

Kontrollierende Eltern werden unverzüglich tausend Regeln parat haben. Sie werden verlangen, dass Marc jeden Abend seine Hausaufgaben vorlegt, und sie löchern ihn womöglich, was für den nächsten Tag anliegt, sobald er nach der Schule zur Tür herein kommt.

Solch eine Kontrolle ist für Eltern und Kind gleichermaßen erschöpfend. Ich habe einen besseren Vorschlag: Lassen Sie Ihren Sohn von der Realität lernen. Wäre Marc mein Sohn, hätten wir ungefähr folgendes Gespräch:

„Marc, schau mal, was für einen Brief mir deine Lehrerin geschickt hat. Ich verstehe offen gesagt nicht, warum er an mich gerichtet ist und nicht an dich, aber davon abgesehen sagt deine Lehrerin, dass du die letzten paar Wochen keinerlei Hausaufgaben gemacht hast. Ich weiß nicht, was da los ist. Sollten wir über irgendetwas reden?"

„Nö, Papa, nichts Wichtiges."

„Na ja, für die Schule ist das schon wichtig. Offenbar brauchst du etwas mehr Zeit, um deine Schulsachen aufzuholen. Ich rufe morgen deinen Trainer an und sage ihm, dass du nicht Basketball spielen darfst, bis du mit den Hausaufgaben wieder auf dem aktuellen Stand bist."

Als Nächstes würde ich Marc eine Karteikarte überreichen. „Hier, Marc, das ist dein Schlüssel zum Basketball. Ich möchte, dass deine Lehrer sie abzeichnen, sobald in der Schule wieder alles läuft und du alles aufgeholt hast. Das machen wir von Woche zu Woche. Sobald deine Lehrer grünes Licht geben, rufe ich deinen Trainer an und sage ihm, dass du wieder zur Verfügung stehst. Ich weiß, du magst Geschichte nicht und du liebst Basketball, aber Geschichte ist genauso wichtig."

Man beachte, dass ich nicht gesagt habe, Geschichte ist *wichtiger*. Das ist nicht die richtige Zeit für einen Vortrag. In solchen angespannten Augenblicken ist es besser, Ihre Kinder nicht zu provozieren. Lassen Sie Ihren Sohn lieber die Verantwortung für sein eigenes Handeln übernehmen. Will er Basketball spielen, muss er sich um die Schulsachen kümmern. Es ist nicht Ihre Aufgabe, ihn tagtäglich zu überprüfen. Spätestens seit der Mittelstufe sollte er das selber können.

Zur Erinnerung:

▸ Ständiges Kritisieren ist ein ineffektiver Erziehungsstil.

▸ Heranwachsende brauchen ein gewisses Maß an Freiheit; mit zu viel Kontrolle werden Sie Ihre Kinder kaum beeinflussen.

▸ Ein überbehütender Erziehungsstil ist das beste Rezept für familiäre Katastrophen.

▸ Geben Sie Ihrem Kind das beste Startkapital für das Leben als Erwachsener. Ermöglichen Sie ihm, Verantwortung zu erlernen.

10
Ein paar unbequeme Wahrheiten

Manchmal – na gut, *häufig* – sage ich Dinge, die man als provokativ auffassen könnte. Ich meine immer, ich hätte meine Arbeit noch nicht erledigt, wenn ich nicht zumindest ein paar Hörer oder Leser aufgerüttelt habe.

Einige dieser provokativen Äußerungen möchte ich in diesem Kapitel hervorheben, denn sie gelten besonders im Blick auf Jugendliche in der Pubertätsphase. Bevor Sie sich aufregen: Lesen Sie erst einmal, was ich zu sagen habe. Dann können wir darüber diskutieren.

Unglückliche Kinder sind gesunde Kinder

Die bereits im ersten Kapitel erwähnte Umfrage unter Teenagern und jungen Erwachsenen erbrachte noch ein weiteres überraschendes Ergebnis: Die Teenager von heute sind beinahe absurd optimistisch im Blick auf ihre zukünftigen finanziellen Möglichkeiten. Nur 25 Prozent der befragten Mittelschicht-Jugendlichen und Studenten gingen *nicht* davon aus, dass sie irgendwann einmal unter die Millionäre zu rechnen sein werden. Mehr als 60 Prozent leben in der Erwartung, dass sie früher in den Ruhestand gehen können als ihre Eltern.[30] Wie gesagt: Angesichts der Realitäten sind diese Erwartungen so absurd, dass sie schon komisch wirken.

Die traurige Wahrheit hinter diesem trügerischen Optimismus heißt allerdings: Warum sollten Jugendliche etwas anderes erwarten? Viele Jugendliche und junge Erwachsene von heute mussten nie auf etwas warten. Wann immer sie einen Herzenswunsch (oder auch nur ein momentanes Verlangen) äußerten, schon bekamen sie es – vielfach ohne dafür irgendeinen Einsatz erbringen zu müssen.

Woher sollen sie wissen, dass die Welt nicht immer so funktioniert?

Aber diese Teenager werden die bittere Erfahrung machen: Die Welt ist auch nicht annähernd so nett wie Eltern es sind! Wenn Kinder mit der Haltung aufwachsen, dass ihnen das alles ja schließlich zusteht, wird es eines Tages ein böses Erwachen geben.

Darum glaube ich, dass gelegentlich unglückliche Kinder gesunde Kinder sind. Die Welt ist ein unfreundlicher Ort, und je eher unsere Kinder das kapieren, desto besser.

Meine Kinder sollen manchmal unglücklich sein. Das Leben wird sie nicht immer mit Samthandschuhen anfassen. Warum soll ich sie nicht darauf vorbereiten?

Ehrlich, so verrückt sich das anhört – aber manchmal sollen meine Kinder unglücklich sein. Manches macht nun mal keinen Spaß. Als Erwachsener muss ich manchmal Sachen tun, die ich gar nicht will. Warum soll ich meine Kinder also nicht darauf vorbereiten? Meine Frau und ich mussten lange für unser erstes Haus sparen. Wo lernen Kinder zu sparen und mit unerfüllten Wünschen fertig zu werden, wenn nicht in der Familie?

Unsere Jüngste, Lauren, ist zwar noch nicht in der Pubertät, aber mit ihren neun Jahren doch recht kurz davor. Wie so viele Kinder wollte auch sie einen Cityroller. „Schön, Lauren", sagte ich. „Ich habe schon mal so einen gesehen und denke, du könntest viel Spaß damit haben. Fang doch einfach heute an, dafür zu sparen."

Natürlich würde uns die Summe, die so ein Roller kostet, nicht sehr wehtun. Aber wichtiger noch, als diesen Roller zu besitzen, war uns, dass Lauren dabei etwas lernen konnte.

Unsere Neunjährige sparte ab sofort eifrig ihr ganzes Geld – was gar nicht so einfach ist, wenn man nur 2 Euro Taschengeld in der Woche bekommt. Ich war stolz auf sie und freute mich mit ihr, wie ihr Guthaben langsam anwuchs.

Nach monatelangem Sparen hatte Lauren noch immer erst knapp die Hälfte des Preises für den Roller zusammen. Jetzt hätten wir einfach die fehlende Summe für den Roller beisteuern können, doch das taten wir nicht. Als uns jedoch mein Schwager besuchte, hörte er von dem Roller, für den sie sparte. Er fragte mich, ob es in Ordnung wäre, wenn er ihr einen zum Geburtstag kaufte.

Ich stimmte zu, *auf dieser Grundlage*: Lauren hatte sich ihr Geld so hart erspart, dass sie Verantwortungsgefühl bewiesen hatte, und mein Schwager hätte ihr sowieso etwas geschenkt.

> Wenn Sie alle unschönen Seiten des Lebens von Ihren Kindern fernhalten, werden sie auf ein verantwortliches Leben als Erwachsene schlecht vorbereitet sein.

Aber worauf es ankam, ist dies: Wir als Eltern wollten Lauren die Erfahrung machen lassen, dass man auf bestimmte Dinge warten muss – und dass man etwas dafür einsetzen muss. Es war für uns in Ordnung, dass Lauren unglücklich war, weil sie den Roller noch nicht gleich bekam. Aber diese Art von Unglück ist notwendig, denn das Leben hat seine harten Seiten.

Es geht uns dabei um mehr als darum, dass unsere Kinder auch einmal warten lernen, bis sie sich ihre Wünsche erfüllen. Einige der lebhaftesten Kindheitserinnerungen unserer Tochter Holly sind die Besuche bei einer alten Frau in unserem Ort, zu denen meine Frau sie mitnahm, wenn sie einen Korb mit Lebensmitteln dort vorbeibrachte. Diese Frau war wirklich arm; sie hatte eine winzige Wohnung mit Lehmfußboden. Die Besuche dort waren keineswegs romantisch verklärte Streifzüge in soziale Dienste. Holly erfuhr, wie es riecht, wenn es keine Kanalisation gibt. Sie lernte, dass es doch nicht so schlimm ist, den Fußboden fegen zu müssen, wenn man bedenkt, dass manche Leute gar keinen richtigen Fußboden zum Fegen haben. Und sie sah Krankheit, Mangel an Wohnraum und Kleidung sowie die Entbehrungen, die in nicht wenigen Ecken dieser Welt existieren.

Diese Besuche machten Holly immer ein bisschen unglücklich, ein bisschen traurig. Wenn sie wieder in unser schönes Haus und in ihr Zimmer kam, das mehr Mobiliar hatte als die gesamte Lehmhütte, fühlte sie sich plötzlich ein wenig ernüchtert. Ich merkte, dass sie abends dann immer etwas reservierter war als sonst.

Haben Ihre Kinder jemals Armut gesehen? Waren sie je in einem Altenzentrum? Wenn Sie sie vor diesen Realitäten des Lebens abschirmen, sind sie schlecht vorbereitet auf ein verantwortungsvolles Erwachsenenleben.

Was Sie Ihren Kindern nicht geben, ist sehr wichtig

„Ich habe eine Prada-Designer-Handtasche, eine Joop-Armbanduhr, einen Gürtel von Gucci, etliche Sisley-Jeans, Adidas-Turnschuhe, einen Eastpack-Rucksack, Escada-Parfum und die neueste Handyversion von Nokia."

Christina ist zwar erst sechzehn – aber sie weiß, was „in" ist. Und sie ist damit kein Einzelfall. Die Kids-Verbraucher-Analyse veröffentlichte jüngst folgende Ergebnisse für Deutschland:

„Das Markenbewusstsein der Jugendlichen ist nach wie vor hoch ... So geben 84 Prozent der Jungen an, dass ihnen beim Handy die Marke wichtig ist. In der Prioritätenliste folgen Sportschuhe mit 79 Prozent, Jeans mit 77 Prozent, Bekleidung mit 71 Prozent, Taschen und Rucksäcke mit 55 Prozent ... und Armbanduhren mit 46 Prozent.

Mädchen haben ähnliche Prioritäten: Die Wichtigkeit von Marken zeigt sich beim Handy (78 Prozent) Jeans (77 Prozent), Sportschuhen (73 Prozent), Bekleidung (72 Prozent), Haarshampoo (62 Prozent), Taschen und Rucksäcke (57 Prozent), Schuhe (56 Prozent) und Armbanduhren (52 Prozent).

In der Regel gehen Eltern auf die Markenwünsche ihrer Kinder ein."[31]

Ist es das, was wir unseren Kindern an Wertbewusstsein mitgeben wollen – die neueste Mode und die teuersten Designer-Artikel?

Die Konsummentalität prägt inzwischen weite Bereiche unseres Lebens. Schulabschlussfeiern werden zu rauschenden Bällen, bei denen Abiturienten sich in exklusiven Modeauftritten übertreffen. Schon Kindergeburtstage werden zu einer Art Wohlstandskonkurrenz der Eltern: Wer schmeißt die extravaganteste Party mit der ausgefallensten Fun-and-Activity-Idee?

> *Ist es das, was wir unseren Kindern an Wertbewusstsein mitgeben wollen – die neueste Mode und die teuersten Designer-Artikel?*

Wir leisten unseren Kindern einen schlechten Dienst, wenn wir in diesem besinnungslosen Konsumtaumel einfach mitmachen. Vielleicht müssen wir uns sagen lassen, dass „wir Erwachsenen, die die Mentalität der Jugendlichen dulden, jede Party müsse noch größer und ausgefallener werden, nicht nur zu dem Mythos beitragen, man könne keinen Spaß haben, ohne eine Menge Geld zu verpulvern. Sondern wir schaffen auch einen falschen Eindruck von immerwährendem Wohlstand, den unsere Kinder unmöglich aufrechterhalten können – zumindest nicht, bis sie einmal einen Job haben – und zwar einen sehr gut bezahlten Job."[32]

Diese Anspruchshaltung, die Konsumversessenheit unserer Gesellschaft und eine falsche Vorstellung vom unerschöpflichen Wohlstand bringen viele junge Erwachsene auf den Weg in den finanziellen Ruin. Die Zahl der Verbraucherinsolvenzen, also der privaten Pleiten, nahm von 2004 auf 2005 um

35,7 Prozent zu, bis zum Jahr 2006 noch einmal um 55,5 Prozent.[33] Was dazu beiträgt, ist der inflationäre Umgang mit Kreditkarten.[34] Kreditkartengesellschaften sind fast lächerlich aggressiv und überraschend risikofreudig geworden. Einmal war ich bei einem Spiel der Buffalo Bills. Dort verschenkte jemand Sitzkissen mit Buffalo-Bills-Werbung. Ich ging hin, weil ich auch eins bekommen wollte. Der Haken daran war, dass man einen Antrag für eine Kreditkarte stellen musste, was ich auch tat und das Ganze dann vergaß. Sechs Wochen später hatte ich eine Kreditkarte der Buffalo Bills in der Post *mit einem Kreditvolumen von 25 000 Dollar!*

In unserer Gesellschaft muss doch etwas schief laufen, wenn man in dreißig Sekunden einen Antrag ausfüllt und einem jemand einen Kreditrahmen von 25 000 Dollar gewährt!

Augenscheinlich sind nicht genug „Erwachsene" da, die einen solchen Kredit in Anspruch nehmen. Also haben sich die Banken Studenten und Berufsanfänger als Zielgruppe ausgesucht. Sie werden regelrecht mit Angeboten für Kreditkarten überschüttet. Viele greifen bereitwillig zu, verschaffen sich die Karten, stecken sie in die Brieftasche und benutzen sie.

Und benutzen sie.

Und benutzen sie noch weiter.

Und was kommt dabei heraus? Die Universität von Indiana verliert mehr Studenten aufgrund von Verschuldung durch Kreditkarten als durch akademische Fehlleistung. Eine Studie sagt, dass „das Marketing für Kreditkarten auf dem Campus ... eine größere Bedrohung darstellt als Alkohol oder Infektionen mit sexuell übertragbaren Krankheiten".[35]

Gerade das, was Sie Ihren Kindern vorenthalten, kann für sie zu einem wertvollen Kapital werden.

Ich stimme *beinahe* damit überein. Ich glaube, das eigentliche Problem ist nicht das Marketing für Kreditkarten. Das eigentliche Problem ist die mangelnde Vorbereitung der

Studenten als Kinder und Jugendliche – mit dem Ergebnis, dass sie nicht mit Geld umgehen können.

Ich sage häufig, dass das, was Sie Ihren Kindern *nicht* geben, ausgesprochen wichtig ist. In den meisten Erziehungsratgebern steht kapitelweise etwas über all die Dinge, die Sie Ihren Kindern geben *sollten*. Doch ich finde es genauso wichtig, bestimmte Dinge gezielt vorzuenthalten. Wenn ich beispielsweise von einer Dienstreise komme, bringe ich nicht großartig Geschenke mit. Ich möchte, dass meine Kinder sich darüber freuen, dass ihr Papa wieder da ist. Warum soll ich ihnen ein Spielzeug schenken, mit dem sie gleich abziehen und allein spielen, anstatt ihre Zeit mit mir zu verbringen?

Was Sie Ihren Teenagern nicht geben, ist extrem wichtig. Ihre Kinder brauchen all die materiellen Dinge nicht, die Sie als Kind auch nicht hatten.

Das habe ich schon früh gelernt. Als meine älteren Kinder noch klein waren, habe ich oft das Gepäck an der Tür abgestellt, das Angelzeug geschnappt und bin gleich mit meiner Familie an den See gefahren. Wir haben mehr geredet als Fische gefangen, doch so konnten wir unsere Beziehung ganz wunderbar vertiefen – und das praktisch kostenlos. Wenn Sie meine Kinder fragen würden, was sie mehr schätzten – irgendein Plastikding für fünf oder zehn Euro, das nach zwei Stunden kaputt ist, oder einen Vater, der ihnen draußen am See ganz allein gehörte – ich garantiere Ihnen, sie würden Letzteres wählen.

Wenn Sie 500 Euro für ein Abschlussballkleid Ihrer Tochter ausgeben, was wird sie dann machen, wenn sie ihre erste Stelle bekommt und für 100 Euro drei angemessene Outfits für den Job finden muss? Gibt es eine bessere Zeit, sie an No-name-Kleidung zu gewöhnen, als jetzt, wo sie noch in Ihrem Haus lebt?

Wenn Ihr Sohn erwartet, dass Sie die 175 Euro Leihgebühr für den Luxusschlitten zur Abi-Party übernehmen, wann soll er dann lernen, dass zum Leben nach der Schule gehört, sein Geld so einzuteilen, dass es für ein Auto *und* für die Miete reicht?

Gute Eltern schenken ihren Kindern nicht einfach gute Sachen. Sie enthalten ihren Kindern aus strategischen Gründen auch mal etwas vor. Was Sie Ihren heranwachsenden Kindern nicht geben, ist extrem wichtig. Ihre Kinder brauchen einen Großteil der materiellen Dinge nicht, die Sie als Kind auch nicht hatten.

Was können Sie noch tun, damit Ihre Kinder lernen, verantwortungsbewusst mit Geld umzugehen.

Money, Money, Money!

„Papa", fragte mich Lauren, damals sieben, „wie stehen die Disney-Aktien?"

Ich musste lachen. Wie viele Väter reden mit ihren siebenjährigen Töchtern über Aktien? Unsere beiden jüngsten Töchter besitzen tatsächlich ein paar Aktien. Mir liegt es sehr am Herzen, meinen jüngsten Kindern ein paar kluge Ratschläge in Finanzdingen zu geben, und zwar teilweise wegen einer biologischen Tatsache: Ich bin siebenundfünfzig Jahre alt, Lauren ist neun – ich werde also nicht immer da sein, um ihnen „aus der Klemme zu helfen" (nicht, dass ich das etwa tun würde), wenn sie diese Lektionen nicht selber lernen.

Häufig werde ich gefragt: „Soll sich mein Teenager einen Job suchen?" Ich habe für jede Situation dieselbe Antwort: „Es kommt darauf an."

Teenager sollten in erster Linie ihre Pflichten zu Hause erledigen. In zweiter Linie müssen sie sich um die Schule kümmern. Wenn sie beidem auf annehmbare Weise gerecht werden, habe ich kein Problem damit, wenn sie sich ein bisschen Bargeld hinzuverdienen möchten, vorausgesetzt, ihr Job kommt nicht in Konflikt mit ihren vorrangigen Aufgaben.

Manche Jobs halte ich für ungeeignet, weil sie den Zeitplan von Jugendlichen auf ungebührliche Weise verändern. Ich würde meinen sechzehnjährigen Sohn beispielsweise nicht bis zwei Uhr nachts als Aushilfskellner arbeiten lassen.

Alle unsere Kinder haben im Sommer gearbeitet, vor allen auf Zeltfreizeiten. Unsere dreizehnjährige Tochter Hanna geht regelmäßig babysitten, aber wir haben ein Auge darauf, wie oft und wie lange das geschieht, vor allem an Schultagen. Unsere älteste Tochter Holly arbeitete auf eigenen Wunsch in einem Joghurt-Laden. Da sie in der Schule ein Überflieger war, hatten wir kein Problem damit, dass sie diese Teilzeitstelle annahm.

Krissy dagegen hat nie während des Schuljahrs gearbeitet, weil sie so intensiv im Sport engagiert war. Sie lief buchstäblich von einer Spielsaison zur nächsten. Daher meinten wir, ein Job knapse zu viel von dem bisschen Zeit in der Familie ab, die ihr neben dem Sport noch blieb.

Wir haben unsere Entscheidungen also danach getroffen, was für das jeweilige Kind am besten erschien.

Natürlich ist das Geld*verdienen* nur ein Aspekt des Finanzmanagements; der andere ist die Kunst, es für die richtigen Dinge *auszugeben*. Als unsere Kinder noch kleiner waren, fing ich an, für alles, was sie sparen wollten, dieselbe Summe noch einmal dazuzulegen. Das ist ein bisschen wie im echten Leben: Arbeitgeber zahlen eine Zulage, wenn dieses Geld gespart wird. Durch meine Strategie konnte ich meinen Kindern verdeutlichen, welche Vorteile es hat, Spontankäufe zurückzustellen.

Wenn Sie Ihrem Kind einen verantwortungsvollen Umgang mit Geld vermitteln wollen, müssen Sie bereit sein, es auch mal leiden zu lassen.

Zum Thema Taschengeld denke ich: Kinder erhalten Taschengeld, weil sie zur Familie gehören, nicht weil sie häusliche Pflichten übernehmen. Die Pflichten erledigen sie, weil sich jeder in die Familie einbringt. Wenn sie ihre Aufgaben nicht erledigen, könnte ich ein anderes Kind dafür bezahlen, dass es einspringt, und das Geld vom Taschengeld des anderen Kindes abziehen. Aber in unserer Familie ist Taschengeld nicht direkt an Arbeiten geknüpft.

Wenn Sie Ihrem Kind jedoch beibringen wollen, vernünftig mit Geld umzugehen, müssen Sie bereit sein, es auch mal leiden zu lassen. Wenn Ihrem Kind am Mittwoch das Taschengeld ausgegangen ist, es am Donnerstag aber unbedingt ins Kino will, bleiben Sie standhaft: „Zahltag ist erst am Samstag – das weißt du genauso gut wie ich. Übermorgen gebe ich dir gerne dein Geld, aber keinen Tag früher."

Wenn Sie einknicken und einen „Kredit" anbieten, verhelfen Sie Ihrem Kind zu der Einstellung, dass es so etwas auch als Erwachsener will. Sie unterstützen schließlich die Bankenphilosophie, die unanständig viel Geld an „Erwachsenen" verdienen, die lächerlich hohe Zinsen bezahlen, weil sie nie gelernt haben, sich ihr Geld einzuteilen und etwas auf die hohe Kante zu legen.

Tun Sie möglichst wenig für Ihre Kinder

Weigern Sie sich konsequent, irgendetwas zu tun, was Ihre Kinder selbst erledigen sollten. Damit meine ich nicht, dass Eltern nicht die Wäsche waschen oder ihren Kindern das Essen zubereiten sollten. Doch ihre Hausaufgaben sollten Ihre Kinder ganz und gar alleine erledigen! Wenn Sie Ausreden für sie erfinden, ihre Aufsätze zu Ende schreiben, ihre Mathearbeit „verbessern", wird Folgendes passieren: Für eben diese Kinder geht auch, wenn sie älter werden, Schein über Sein. Sie gelten am Arbeitsplatz als große Verheißung, erbringen aber keine Leistung – und wundern sich dann, wenn sie den Job nicht lange haben!

Verantwortungsbewusste Kinder haben gelernt, dass Handeln auch Folgen hat. Als Psychologe habe ich gelernt, dass kaum etwas so gut wirkt wie eine „Schocktherapie". Wenn Ihre Tochter Sie verletzt – wenn sie vielleicht sagt „ich hasse dich" oder Sie beschimpft – rasten Sie nicht aus. Bewahren Sie zunächst Haltung und korrigieren sie. Wenn sie dann später ankommt und zum Tanzen gebracht werden will, sagen Sie ganz ruhig: „Tut mir Leid, Miriam, aber du gehst nicht zum Tanzen."

Weigern Sie sich konsequent, irgendetwas zu tun, was Ihre Kinder selbst erledigen sollten.

Miriam schüttelt irritiert den Kopf. „Wie – ich gehe nicht tanzen? Wir haben doch gestern Abend darüber gesprochen und du warst einverstanden! Und Susie wollte mit uns fahren. In einer Viertelstunde!"

„Genau, wir haben uns gestern Abend darüber unterhalten", antworten Sie. „Aber das war noch, bevor du respektlos zu mir warst, was mir überhaupt nicht gefällt. Darum habe ich beschlossen, dass du aufs Tanzen verzichtest."

Wenn Sie den richtigen Augenblick abpassen, erzielen Sie eine nachhaltige Wirkung. Man könnte es auch Schockwirkung nennen. Die Tochter trägt ihr Lieblingskleid, hat sich die Haare gemacht, geschminkt und ist ausgehfertig – und wird diese Lektion *niemals* vergessen. Und sie wird es sich künftig zweimal überlegen, ob sie Sie anmault (oder einen Chef, einen Polizisten oder eine andere Autoritätsperson).

Ich staune immer wieder, wie kontrovers dieser Rat bei vielen Eltern heutzutage anzukommen scheint. Wenn ich in einem Seminar ein ähnlich anschauliches Beispiel vorbringe – sagen wir, dass ein Teenager auf ein Basketballspiel verzichten muss – wird unweigerlich jemand fragen: „Und was ist, wenn mein Kind der Star der Mannschaft ist? Ist das fair gegenüber dem Team?"

Ehrlich gesagt muss ich dann an mich halten, damit ich nicht laut herauslache. Wer weiß schon noch, wer die Regionalliga-Basketball-Meisterschaft vor fünf Jahren gewonnen hat? Das kann Ihnen keiner von einer Million sagen, *weil das auf lange Sicht egal ist.*

Wie kann ein einziges Basketballspiel jemals genauso wichtig sein wie eine Mutter, die ihrem Sohn beibringt, Frauen zu respektieren – beginnend bei seiner eigenen Mutter? Wenn die anderen Jungs sauer reagieren, umso besser. Der Sohn wird lernen, dass sein Handeln Konsequenzen hat, die nicht nur ihn allein betreffen. Ich habe schon mit Frauen geredet, deren Männer im Gefängnis waren – Männer, die nie bedacht hatten, wie sich ihr „privates" Handeln auf die Familie auswirken konnte.

Wenn eine Mutter nicht bereit ist, ihrem Sohn die Spielregeln anzusagen und *sich selber auch daran zu halten*, lernt er nicht, sie zu respektieren. Dem Sohn eine Auszeit zu verordnen, die ihn nicht kratzt, reicht auf

> *Ohne die nötige Disziplin ist auch die größte Liebe unvollkommen.*

gar keinen Fall. Sie dürfen nie vergessen, dass Liebe und Disziplin untrennbar miteinander verbunden sind. Das Gleichgewicht muss stimmen. Tun Sie sich und Ihren Kindern den Gefallen und übernehmen Sie keine Aufgaben für sie. Übrigens: Wenn eine Mutter sich von ihrem Sohn nichts bieten lässt, bringt sie ihm nicht nur bei, Frauen zu respektieren, sondern sie erweist ihrer künftigen Schwiegertochter wertvolle Dienste.

Zur Erinnerung:
▸ Es tut Kindern gut, wenn sie gelegentlich unglücklich sind.
▸ Was Sie Ihren Kindern vorenthalten, kann für Ihre Kinder zum wertvollen Vermächtnis werden.
▸ Tun Sie nichts für Ihre Kinder (was diese selbst erledigen können).

11
Verliebtheiten und all das

Erinnern Sie sich noch daran, wie es war, als Sie zum ersten Mal verliebt waren? Dieses Gefühl ist mit nichts auf der Welt zu vergleichen. Wie war das noch damals, die ersten sechs Male, als ich mich verliebt hatte? Die Aufregung, eine Freundin zu haben, das Prickeln, ihr einen Freundschaftsring zu schenken, die kalte Dusche, als sie ihn in der Hosentasche vergessen hatte und er in der Wäscheschleuder zu Bruch ging.

Jede neue Verliebtheit kam mir noch etwas traumhafter vor als das Mal davor. Natürlich war die „Liebe", von der ich hier rede, nur das, was man gemeinhin als Schwärmerei bezeichnet. Aber davon hätte mich niemand überzeugen können. Niemals. Das war die echte, einzige und wahre Liebe. Das wusste ich, denn bei der „wahren Liebe" hatte ich immer feuchte Hände.

Sie haben vermutlich ihre eigenen Geschichten über Ihre Jugendlieben. Behalten Sie sie nicht für sich. Erzählen Sie sie Ihren Kindern. Das ist eine gute Gelegenheit, ihnen von Ihren Erfahrungen in Ihrer eigenen Pubertät zu erzählen. Ich halte es für sehr hilfreich, wenn wir unseren Kindern vor der Pubertät erzählen, dass ihnen womöglich ähnliche Erfahrungen bevorstehen wie uns damals. Sie treffen jemanden, der etwas so Besonderes ist, dass sie es kaum abwarten können, ihn oder sie wiederzusehen. Jungs verspüren plötzlich den Zwang, sich die Zähne zu putzen oder die Haare zu kämmen oder ihrem Vater gar etwas Aftershave zu stibitzen. Mädels stehen vor dem Spiegel und fönen stundenlang ihr Haar. Oder sie schmieden Pläne, wie sie sich krank stellen können, damit sie nicht mit diesem widerlichen Pickel in die Schule müssen, wo sie „sterben müssten", wenn Patrick sie sehen könnte. Erzählen Sie ruhig, was für verrückte Sachen Sie angestellt haben, um jemanden auf sich aufmerksam zu machen. Und wie Sie

Liebeskummer überwunden haben. Lassen Sie Ihre Kinder erkennen, dass sie nicht die Ersten – und gewiss auch nicht die Letzten – sind, die die Stromschnellen der ersten Liebe durchpaddeln müssen.

Als ich meine große Liebe fand

Ich habe meine Frau auf der Herrentoilette im Tucson Medical Centre kennen gelernt. Ich war „Mädchen für alles", sie war Schwesternhelferin. Ich spürte, dass Sande etwas ganz Besonderes war, doch erwies es sich als schwierig, ein Gespräch mit ihr anzufangen. Gelegentlich begegneten wir uns im Flur und sie sagte Hallo, aber ich brachte nie etwas anderes heraus als „Guten Morgen".

Dann kam der Tag, den ich niemals vergessen werde. Ich putzte die Herrentoilette und stellte einen Mülleimer in die Türöffnung, damit alle wussten, dass hier geputzt wurde. Gerade als ich Müll in den Eimer kippte, kam Sande um die Ecke.

Unsere Blicke verhakten sich ineinander. Das war meine Chance. Mit dem Feingefühl eines Stiers stieß ich hervor: „Willst du mit mir zur Weltausstellung fahren?"

Erzählen Sie Ihren Teenagern von Ihren eigenen Erfahrungen mit der ersten Liebe.

Sande war verständlicherweise verwirrt. Wir waren in Arizona und die Weltausstellung sollte in New York stattfinden.

„Wie bitte?", fragte Sande.

Da New York doch ein bisschen weit weg war, einigten wir uns auf ein gemeinsames Mittagessen. Ich lud sie ein. Ich bestellte einen Cheeseburger von McDonalds und teilte ihn mit einem Plastikmesser (meine Kinder lieben diese Stelle). In meinem Bauch flogen so viele Schmetterlinge, dass ich meine Hälfte gar nicht aufessen konnte. Sande war so etwas Besonderes! Ich bekam innerlich ganz weiche Knie, wenn ich sie bloß anschaute.

Kaum zu glauben, aber das ist jetzt fast vierzig Jahre her. Zwar kann ich seither mehr als einen halben Cheeseburger in ihrer Gegenwart verputzen, doch an den Rausch dieser ersten Monate kann ich mich gut erinnern.

War das eine Zeit!

Natürlich sind solche Gefühle nicht von Dauer. Aus unserer ersten Verliebtheit wurde eine beständige, liebende Beziehung, mit der wir beide sehr glücklich sind.

Wie können Sie Ihren Teenagerkindern helfen, ihr eigenes Bis-über-die-Ohren-Verliebtsein in die richtige Perspektive zu rücken? Ich beziehe mich dabei gern auf das Kapitel, das seit Generationen als das „Hohelied der Liebe" bezeichnet wird.

Liebeslied

Eines der bekanntesten Kapitel der Bibel ist 1. Korinther 13, das Kapitel, in dem Paulus beschreibt, was Liebe ist. Ich habe zwar mittlerweile genug psychologische Literatur gelesen, um eine ganze Generation für ein Jahrzehnt in Schlaf zu versetzen, aber ich bin noch auf nichts gestoßen, was dieses Thema so umfassend und so praktisch angeht. Paulus sagt uns, was Liebe ist und was sie nicht ist. Es folgt, was Liebe nicht tut, und endet mit dem, was Liebe tut. Sollten Sie diese Stelle schon seit geraumer Zeit nicht mehr gelesen haben, ist hier nun ein Auszug:

Liebe ist geduldig und freundlich. Sie kennt keinen Neid, keine Selbstsucht, sie prahlt nicht und ist nicht überheblich. Liebe ist weder verletzend noch auf sich selbst bedacht, weder reizbar noch nachtragend. Sie freut sich nicht am Unrecht, sondern freut sich, wenn die Wahrheit siegt. Diese Liebe erträgt alles, sie glaubt alles, sie hofft alles und sie hält allem stand. (1 Kor 13,4-7)

Betrachten wir einmal dieses Meisterstück der Schreibkunst –

es gilt für Menschen jeglicher Glaubensrichtung und Religions-
zugehörigkeit.

Liebe ist geduldig. Wenn Jugendliche eine Freundschaft beginnen und diese auf eine gute Grundlage stellen wollen, dann
sind sie gut beraten, wenn sie ihrer Beziehung Zeit lassen. Wir
alle neigen dazu, Wünsche sofort erfüllt bekommen zu wollen.
Daher wünschen sich Jugendliche häufig, sofort intim zu
werden. Doch Liebe ist *geduldig.* Liebe braucht Zeit, um den
anderen als Person kennen zu lernen. Wahre Liebe kann mit
der körperlichen Intimität bis zur Ehe warten.

Hier kommt es, glaube ich, darauf an, nicht die
wundervollen Gefühle abzustreiten, die mit der Verliebtheit
einhergehen. Sondern Sie sollten Ihre Teenager dazu bringen,
darüber nachzudenken, wie aus diesem heftigen Gefühl Liebe
wachsen kann. Sagen Sie deutlich: „Ihr habt vielleicht das
Gefühl, als wolltet ihr einander alles geben. Aber denkt daran:
Wahre Liebe ist *geduldig.* Wenn ihr wirklich Liebe füreinander
empfindet, wartet ihr aufeinander. Da gibt es kein Drängen."

Die beste Erwiderung auf die Standardforderung: „Wenn du
mich liebst, schläfst du mit mir" ist: „Wenn du *mich* liebst,
wartest du, bis wir verheiratet sind."

Liebe ist freundlich. Wahre Liebe ist freundlich. Wahre Liebe
kauft Blumen. Wahre Liebe ruft an, wenn man sich verspäten
wird oder die Verabredung nicht einhalten kann. Wahre Liebe
ist rücksichtsvoll und aufmerksam. Wahre Liebe ist bereit, das
Unangenehme zu tun.

Es ist so ungeheuer wichtig, Ihren Kindern das nahe zu
bringen. Denn es kann sein, dass sie miserabel behandelt
werden, aber dass sie einem Kerl, der sie nur ausnutzt, glauben,
wenn er ihnen sagt, dass er sie „liebt". Vermitteln Sie das Ihren
Kindern ganz klar: Wenn jemand sie grob behandelt, sie andauernd versetzt, seinen Spaß mit ihnen treibt und nur an Sex
interessiert ist, dann ist das keine Liebe, auch wenn er es
tausendmal so bezeichnet.

Liebe kennt keinen Neid, keine Selbstsucht, sie prahlt nicht und ist nicht überheblich. Fühlen sich Ihre Kinder bedroht, wenn andere in der Nähe ihres Freundes oder ihrer Freundin sind? Wenn jemand vom anderen Geschlecht mit seiner Freundin oder ihrem Freund spricht, wird ihm oder ihr dann ein bisschen flau im Magen? Das ist Eifersucht. Wahre Liebe traut dem anderen und ist nicht eifersüchtig.

Liebe ist nie verletzend oder auf sich selbst bedacht.

Gleichermaßen ist wahre Liebe auch nicht selbstsüchtig. Will der Freund Ihrer Tochter immer nur tun, was ihm gefällt? Müssen sie ständig mit seinen Freunden zusammen sein? Das ist selbstsüchtig. Das ist keine Liebe.

Gehen Sie all diese Eigenschaften mit Ihren heranwachsenden Kindern durch. Helfen Sie ihnen, zu erkennen, was für ein Mensch dieser andere, der ihr Herz erobert hat, in seinem Wesen ist.

Liebe ist weder verletzend noch auf sich selbst bedacht. Liebe will dem anderen nichts „heimzahlen" oder „quitt werden". Liebe ist nicht auf sich selbst bedacht. Ich glaube, wenn ich eine Stelle aus diesem Kapitel des Paulus herausgreifen und alle Beziehungen daran messen sollte, dann wäre es diese: Liebe ist nicht auf sich selbst bedacht. Die Gefühle und Bedürfnisse des anderen sind wichtiger.

Das ist das genaue Gegenteil dessen, wie sich verliebte Kids fühlen. Sie schweben über dem Boden. Nie zuvor waren sie so glücklich. Sie sind buchstäblich verliebt ins Verliebtsein und können nicht genug davon bekommen. Sie als Eltern ertragen dieses verklärte Lächeln ohne jeden Anlass, die gelegentlichen Seufzer, und die Überzeugung Ihrer Tochter, dass sie eines schrecklichen, grausamen, schmerzhaften Todes sterben wird, wenn sie ihren Freund ganze vierundzwanzig Stunden lang nicht sehen kann.

Liebe ist nicht reizbar. Es sind die Kleinigkeiten an den

Menschen, die wir lieben, die uns auf die Palme bringen. Teenagerfreundschaften zerbrechen oft an einem Streit über nichtige Anlässe. An einem winzigen Missverständnis kann sich ein heftiger Streit entzünden. Liebe, die wirklich Liebe ist, überwindet das.

Solche Zerwürfnisse kommen daher, dass beide, der Junge und das Mädchen, sich in ein Phantom verlieben. Dieses Phantom ist einfach fantastisch und zu gut, um wahr zu sein – und genau das ist es auch! Es ist wie eine Seifenblase – faszinierend anzuschauen, aber nur von sehr kurzer Lebensdauer. Sobald die Blase an die Realität stößt und platzt, macht man sich gegenseitig Vorwürfe: „Du bist ja gar nicht so, wie du getan hast!"

Liebe ist nicht nachtragend. Die Art von Liebe, von der Paulus hier redet, ist eine Liebe, die vergeben kann. Wenn das wahre Ich zum Vorschein kommt, hegt jemand, der wirklich liebt, keinen Groll. Liebe stöbert nicht in der Vergangenheit nach „Munition" für die nächste Schlammschlacht. Sie vergibt und zieht weiter.

Liebe freut sich nicht am Unrecht, sondern freut sich, wenn die Wahrheit siegt. Diese Liebe erträgt alles, sie glaubt alles, sie hofft alles und sie hält allem stand. Eine Beziehung, die sich nicht auf Wahrhaftigkeit gründet, kann niemals Bestand haben. Eine Beziehung, die sich auf etwas anderes als Aufrichtigkeit gründet, wird schließlich zerbrechen. Wenn wir jemanden wirklich lieben, bleiben wir ihm unter allen Umständen treu. Wir glauben immer an diesen Menschen, erwarten immer das Beste und stärken ihm oder ihr immer den Rücken.

Was bedeutet das alles? Ist das, was Paulus hier beschreibt, nicht ein zu hohes Ideal? Gilt das überhaupt für das erste Verliebtsein unserer noch längst nicht erwachsenen Kinder?

So wie unsere Kinder lesen und rechnen lernen müssen, brauchen sie Hilfe dabei, zu verstehen, was Liebe ist. Und die ersten Einsichten in dieses Thema sollten unsere Kinder erhalten, bevor sie zum ersten Mal verliebt sind. Wenn Sie warten, bis Romeo seine Julia gefunden hat, um über die Unterschiede zwischen Liebe und Lust, Verliebtheit und echte Hingabe zu sprechen, werden Sie sich nur mit Mühe Gehör verschaffen können. Doch wenn Sie mit Ihrem Kind reden, bevor es in die Pubertät kommt, können Sie sich mitfreuen, wenn Ihr Sohn oder Ihre Tochter *den* besonderen Menschen findet. Sie können sich in Ruhe über seine Einstellungen und Ansichten unterhalten und warum es schön ist, mit diesem Menschen befreundet zu sein.

Wenn Sie spüren, dass Ihre Tochter in einer negativen Beziehung steckt, sollten Sie das einfühlsam und indirekt ansprechen. Das könnte so aussehen:

„Kann sein, dass ich falsch liege, Schatz (ich benutze diesen Satz übrigens ausgesprochen gern – er mildert den elterlichen Rat ab und öffnet Ihrem Kind die Ohren), aber hat David diese Woche nicht schon vier- oder fünfmal gesagt, er wollte kommen, und war dann doch nicht da? Natürlich kenne ich ihn nicht so gut wie du, aber ich frage mich, ob er ein Problem mit Zusagen hat. Er steht scheinbar nicht so zu seinem Wort. Kann es sein, dass dich das ärgert?"

Wenn Sie warten, bis Ihre Tochter auf rosa Wolken schwebt, um über die Unterschiede zwischen Verliebtheit und Liebe zu sprechen, werden Sie sich nur mit Mühe Gehör verschaffen können.

Mit diesen paar Sätzen können Sie Ihrer Tochter sagen, dass Sie wissen, was Sache ist, dass Sie sich Sorgen machen und dass Sie nachempfinden können, wie verletzt sie sich fühlt. Sie zeigen Mitgefühl mit Ihrer Tochter, versuchen jedoch nicht, sich in ihr Leben einzumischen.

Sie müssen allerdings Geduld haben. Vielleicht braucht Ihre Tochter noch drei Monate, bis sie begreift, wie dieser David ist. Sie können lediglich Ihre Bedenken vorsichtig äußern. Letztendlich hat sie selber die Entscheidung zu treffen.

Wenn Sie Ihren Kindern rechtzeitig Einblick verschaffen,

was Liebe eigentlich ist, sind sie besser darauf vorbereitet, ihre Verliebtheiten in angemessener Perspektive zu betrachten.

Willst du mit mir gehen?

Sollten Jugendliche überhaupt schon enge Freundschaften eingehen? Plötzlich sind Beziehungen und das „Experimentieren" mit der Liebe in Teenagerfreundschaften kontrovers geworden. Eines der bestverkauften Bücher für Teenager der letzten Jahre trägt den Titel *Ungeküsst und doch kein Frosch*[36]. Ich habe den Autor Joshua Harris persönlich kennen gelernt und ich denke, er hat ein paar sehr gute Argumente für seinen Rat, sich aus dem Beziehungszirkus während der Teenagerzeit ganz herauszuhalten, da man ja weiß, dass es ohnehin erst in ein paar Jahren „ernst" werden kann. Andererseits glaube ich, in der Gesellschaft von heute ist eine Zweierbeziehung ein sehr guter Ort für Teenager, um herauszufinden, welche Eigenschaften man sich für den Mann oder die Frau des Lebens wünscht.

So schockiere ich denn auch gerne meine Seminarteilnehmer, indem ich offen und freimütig verkünde: „Ich finde, Teenager sollten miteinander intim werden."

Erst wenn die Unterkiefer herunterklappen, füge ich hinzu: „Aber nicht körperlich intim."

Mit intim meine ich: In einer Teenagerfreundschaft sollten beide, Junge und Mädchen, das Ziel haben, so viel über den anderen zu erfahren, wie sie nur können.

▸ Was bedeutet dem anderen am meisten im Leben?
▸ Stellt er oder sie Menschen über Dinge?
▸ Wird für ihn oder sie die Familie die oberste Priorität einnehmen?
▸ Kann der andere auch geben oder nur nehmen?
▸ Kann er oder sie die Maske abnehmen und sein wahres Gesicht zeigen, ohne sich zurückgewiesen zu fühlen?

Nicht eine einzige dieser Fragen lässt sich im Bett beantworten. Alle lassen sich am besten in Situationen beantworten, in denen beide vollständig bekleidet sind! Das verstehe ich unter *wahrer* Intimität.

Eines der Probleme mit Teenagerfreundschaften liegt darin, dass diese Beziehungen noch in einem hohen Maß selbstzentriert sind. Jugendliche hungern nach Anerkennung, nach Status, und Status ist davon abhängig, dass man „mit den richtigen Leuten rumhängt".

Teenager sollten miteinander intim werden – allerdings nicht körperlich.

Insofern spielen bei vielen Teenagerfreundschaften die Gefühle für den anderen eine geringere Rolle als die Tatsache, dass man mit jemandem gesehen wird, der „in" ist. Der Fünfzehnjährige, der mit dem attraktivsten Mädchen der Klasse ausgeht, gilt selbst ebenfalls sofort als begehrenswert – und umgekehrt.

Jeder Mensch möchte beachtet werden – das gilt in jedem Alter. Niemand möchte übersehen werden. Und Jugendliche sind geradezu süchtig nach Aufmerksamkeit.

Diesen Hunger danach, beachtet zu werden, können Sie als Eltern nutzen: Vermitteln Sie Ihren Teenagern die Kunst, darauf einzugehen, indem sie anderen Beachtung schenken. Ich sage meinen Kindern gern: Es gibt zwei Arten von Menschen. Solche, die alles tun, um Beachtung zu finden. Und solche, die alles tun, damit andere sich beachtet und wertgeschätzt fühlen. Diejenigen, die alles nur für die eigene Beachtung tun, haben oft genug am Ende nur die Enttäuschung zu verkraften, dass sie wieder nicht *genügend* beachtet wurden. Diejenigen, die anderen Beachtung schenken, entdecken, dass darin eine besondere Art Glück liegt: Es gibt immer Menschen, denen man Wertschätzung entgegenbringen kann, und wenn man das Wohl des anderen über die eigenen Interessen stellt, dient das der Selbstachtung und schenkt eine stille Zufriedenheit.

Wenn Ihre Kinder von einer Verabredung heimkommen,

passen Sie auf, was Sie sagen. Statt einfach nur die Ereignisse des Abends durchzugehen, fragen Sie sie, ob sie Gelegenheit hatten, mit jemandem zu reden, der ein Wort der Ermutigung brauchte oder einfach jemanden zum Reden. Wenn Sie ein Mensch sind, der auf andere achtet, die häufig ignoriert werden, können auch Ihre Kinder davon profitieren: Vielleicht wird diese Eigenschaft irgendwann auf sie abfärben.

Alles hat seine Zeit. Das gilt auch für Teenagerfreundschaften. Die haben gewiss ihren Sinn. Dennoch würde ich als Vater immer darauf hinwirken, dass meine Kinder so spät wie möglich eine enge Freundschaft beginnen.

Später ist besser

Vielleicht überrascht Sie das, aber aus meiner Arbeit mit Familien weiß ich, dass viele Teenager eine Freundschaft beginnen, weil ihre Eltern sie dazu drängen – manchmal bereits in einem sehr frühen Alter. Viele Erwachsene streiten das ab, aber fragen Sie sich einmal: Haben Sie schon mal gehört, wie ein Erwachsener ein zehnjähriges Kind (womöglich sogar Ihr eigenes) fragt: „Und, hast du schon eine Freundin/einen Freund?"

Was vermittelt diese Frage einem Kind? „Mensch, wird wohl Zeit, in die Gänge zu kommen. Das ist scheinbar alles, worauf es beim Großwerden ankommt."

Hinzu kommt der noch größere Druck durch Gleichaltrige. Aus irgendeinem Grund dürfen die Kinder von heute nicht mehr den Luxus genießen, mit Angehörigen des anderen Geschlechts einfach nur befreundet zu sein. Sobald ein Junge und ein Mädchen miteinander reden – und sei es auch im Grundschulalter –, lästern die anderen gleich los: „Hähä, die Meike ist in den Moritz verliebt!"

Wenn die Kinder in die weiterführende Schule kommen,

dreht sich zunehmend alles um „ihn" oder „sie". Spätestens in der Mittelstufe ist es von zentraler Bedeutung, einen Freund oder eine Freundin zu haben.

Ich bin nicht naiv: Nach der 6. Klasse ist es fast unmöglich, das Interesse der Kinder am anderen Geschlecht zu zügeln. Doch ich finde, Eltern sollten so lange wie möglich einfache Freundschaften zwischen Jungen und Mädchen unterstützen, die sich einfach mögen und gut miteinander auskommen. Erwähnen Ihre Kinder jemanden vom anderen Geschlecht, drücken Sie ihm oder ihr nicht gleich den Stempel „fester Freund" oder „feste Freundin" auf. Lassen Sie Ihr Kind das andere Geschlecht kennen lernen ohne den ganzen Ballast, der bei einer Zweierbeziehung hinzukommt.

> *Gönnen Sie Ihrem Kind so lange wie möglich den Luxus gesunder und unkomplizierter Kinderfreundschaften zwischen Jungen und Mädchen.*

Was, werden Sie fragen, ist denn nun das angemessene Alter für erste Freundschaften? Meine Einschätzung ist wie folgt:

Natürlich ist jedes Kind anders. Doch ich denke, *innerhalb einer Gruppe* wird das Spiel um die Liebe bei Vierzehn-, Fünfzehnjährigen beginnen. Alles, was jünger ist, ist zu jung. Mir hat einmal eine Fünfzehnjährige gesagt, dass sie von Verabredungen die Nase voll habe. Sie fing so früh an, dass sie immer weiter und weiter ging, um das Ausgehen „aufregend" zu finden. Jetzt hatte sie es so satt, sich zu betrinken, „genommen" zu werden und zu beweisen, dass sie „es" getan hatte. Sie wollte eine Auszeit von den Jungs – und die hatte sie auch bitter nötig.

Vierzehn-, fünfzehnjährige Jungen und Mädchen brauchen noch nicht das „Alleinsein" mit dem anderen Geschlecht. Das ist noch zu früh für körperliche Annäherung. Berührung ist von ihrem Wesen her progressiv. Da Fünfzehnjährige aber noch (mindestens) zehn Jahre von einer Ehe entfernt sind, besteht keine Notwendigkeit, die Dinge zu früh anzuheizen.

Hier würde ich das Zusammensein in Gruppen ansetzen und dafür sorgen, dass immer eine wie auch immer geartete Aufsicht in der Nähe ist. Beispielsweise müssen sich Pärchen nicht an entlegene Orte zurückziehen – schamloses Gebaren in der Öffentlichkeit sieht man heute allenthalben. Wenn eine Gruppe also wirklich miteinander reden will, sollten sie in einen Jugendtreff oder eine Pizzeria gehen.

Teenagerfreundschaften sollten dazu da sein, dass die Jugendlichen sich amüsieren, Zeit miteinander verbringen und einander kennen lernen.

Sechzehn ist ein gutes Einstiegsalter für feste Freundschaften. Aber auch hier würde ich meine Tochter nicht ganz von der Leine lassen! Die Jugendlichen sollen Freizeit miteinander verbringen und einander kennen lernen. Doch Ihr Teenager braucht noch Hilfe beim Aufstellen von Richtlinien. Aber machen Sie doch einmal folgenden Versuch: Lassen Sie Ihre Kinder ihre eigenen Richtlinien festlegen, bevor sie ihre erste Verabredung haben. Geben Sie einige Hinweise oder Fragen wie die folgenden vor – und dann lassen Sie Ihren Sohn, Ihre Tochter festlegen, was er/sie jeweils für angemessen hält:

▸ Wohin wollt ihr gehen? Wohin würdest du nicht gehen?
▸ Was wollt ihr tun? Was würdest du nicht tun?
▸ Wie sollte der Junge/das Mädchen sein, mit dem du befreundet sein möchtest?
▸ Wie verhältst du dich im Blick auf Alkoholkonsum?
▸ Was tust du, wenn du in Situationen gerätst, die dir unangenehm sind? Was wären solche Situationen?

Die meisten Jugendlichen kennen die Probleme, die in einer Freundschaft auftreten können. Und die meisten wollen nicht in eine Situation geraten, mit der sie nicht umgehen können. Wenn ein Mädchen beispielsweise mit ihrem Freund auf eine Party geht und er fängt an zu trinken und will sie dann nach Hause bringen? Sie sollte sich *im Voraus* überlegen, wie sie darauf reagieren wird. Was ist, wenn der Junge anfängt, sie zum Sex zu nötigen? Sie muss darüber nachdenken, bevor dieser Fall eintritt, auch wenn er ein „netter" Junge ist.

Da Ihre Kinder diese Richtlinien für sich selbst aufgestellt haben, besteht Ihre Aufgabe als Elternteil lediglich darin, ihnen zu helfen sie einzuhalten. Das macht Ihre Aufgabe umso einfacher, da sich Teenager nicht so schnell gegen ihre eigenen Regeln auflehnen werden.

Ich kenne zum Beispiel eine Sechzehnjährige, deren Eltern ihr erlaubt haben, ihre Ausgehzeit bis auf Mitternacht auszudehnen. Diese Eltern waren positiv überrascht, dass ihre Tochter um zehn oder elf von ihren Verabredungen heimkam. Das ist überhaupt nichts Ungewöhnliches, wenn man Teenagern erlaubt, ihre eigenen Regeln aufzustellen. Lassen Sie sie nur machen. Das ist, finde ich, viel heilsamer, als wenn Mutter und Vater einen Erlass herausgeben, wie alles zu laufen hat.

Vertrauen Sie Ihrem Teenager, dass er seine eigenen Richtlinien findet und einhält.

Aus meiner drei Jahrzehnte währenden Arbeit mit jungen Menschen weiß ich, dass sie sich mit größerer Wahrscheinlichkeit an Regeln und Vorschriften halten, wenn sie daran mitgewirkt haben. Natürlich wird es beim Austüfteln der Liste einige Diskussion zwischen Eltern und Kindern geben, wahrscheinlich auch Entgegenkommen von beiden Seiten. Aber lassen Sie Ihre Kinder den ersten Schritt tun.

Träume von Partnerschaft, die direkt in die Krise führen

Auch heute noch träumen Jugendliche von der Traumhochzeit und davon, anschließend „glücklich und in Freuden zu leben bis an ihr Lebensende". Kleinfamilie, Ehe und Beziehungen nehmen in der Werteskala der Jugendlichen wieder obere Ränge ein. Aber die Scheidungsraten unserer Gesellschaft zeigen auch, dass ein Großteil der jungen Menschen auf eine Partnerschaft nur unzureichend vorbereitet ist. Damit Ihre Teenager manche Fehler erst gar nicht machen, erzählen Sie ihnen folgende – und andere – Märchen von der Ehe:

Märchen Nr. 1:
„Er (oder sie) wird sich nach der Heirat ändern."
Dieses Märchen höre ich vermutlich am häufigsten in meiner Beratungspraxis. Ich kann mit Fug und Recht behaupten, dass die Chancen einer Änderung nach der Heirat praktisch gleich Null sind. Vielmehr wird sich das, was Sie am meisten ärgert, nur noch *verstärken*.

Betrachten Sie es einmal so: Der Freund Ihrer Tochter weiß wahrscheinlich, dass sein Trinken und Fluchen, seine Unzuverlässigkeit oder seine Initiativlosigkeit – oder was auch immer – Ihrer Tochter auf die Nerven geht. Er versucht, sich da zu beherrschen, weil er Susi wirklich heiraten will. Wenn er Susi erst einmal hat, warum sollte er sich dann noch ändern? Jetzt kann er sich zurücklehnen und der sein, der er eben ist!

Das habe ich schon so viele Male mitbekommen. Sie als Eltern müssen Ihren Kindern helfen, ihren Freund oder ihre Freundin mit offenen Augen zu betrachten. Aufrichtigkeit ist gefragt: What you see is what you get (Sie bekommen das, was Sie sehen). Man kann nicht erwarten, dass es noch jemals so gut wird wie jetzt, denn Verliebte zeigen sich in der Regel von ihrer besten Seite.

Märchen Nr. 2:
„So fühlt sich Liebe an."

Unsere Kinder müssen unbedingt lernen, dass es einen Unterschied macht, ob sie jemanden *lieben* oder ob sie jemanden *brauchen*.

Kathy und Robert waren sehr jung, als sie heirateten – beide erst achtzehn. Kathy entfloh einem Zuhause mit einem Vater, der sie missbraucht hatte. Sie sehnte sich nach männlicher Aufmerksamkeit, Zuneigung und „Liebe".

Robert war ebenso unglücklich. Seine Mutter war Alkoholikerin, unglaublich egoistisch und ausfallend. In Kathys Armen fand Robert die Anerkennung und das Verlangen einer Frau, nach denen er sich sehnte.

Die beiden waren buchstäblich durch ihre Bedürfnisse zueinander getrieben. Leider war keiner von ihnen bereits reif genug, selbstlos zu lieben. Vielleicht hatten sie unbewusst – aber doch tatsächlich – deshalb geheiratet, damit ihre Bedürfnisse befriedigt wurden. Als zwei Kinder hinzukamen und die Glut der körperlichen Anziehung erlosch, brach ihre Beziehung auseinander. Kathys Bedürfnisse wurden nicht befriedigt und Roberts Bedürfnisse wurden nicht befriedigt. Ihre Unsicherheit hatte sie zusammen*geführt*. Sie *brauchten* einander, doch sie konnten dem anderen auf Dauer nichts *geben*. Unsicherheit kann eine Ehe niemals zusammen*halten*. Die Beziehung endete vor dem Scheidungsrichter.

Machen Sie Ihren Kindern ganz klar: Es gibt einen Unterschied zwischen „jemanden lieben" und „jemanden brauchen".

Ein Problem lässt sich niemals durch eine Eheschließung lösen. Vielmehr schafft man sich dadurch nur noch neue Probleme. In der Ehe lernt man, einen anderen Menschen bedingungslos zu lieben, bis einer von beiden stirbt. Man rennt nicht in eine Ehe, um sich die eigenen Bedürfnisse – ob nach Zuneigung, Sex, Geld oder Anerkennung – befriedigen zu lassen. Allerdings muss man gelernt haben, sich selbst zu durchschauen und zu verstehen.

Die Adoleszenz kann eine aufregende Zeit sein. Ihre Kinder treffen nun allmählich Entscheidungen, die sich auf ihr ganzes weiteres Leben auswirken können. Vielleicht ist keine Entscheidung so bedeutend wie die Wahl des Lebenspartners. Stellen Sie sich dieser Herausforderung. Bereiten Sie sie darauf vor, eine kluge Entscheidung zu treffen.

Zur Erinnerung:

▸ Jugendliche brauchen Hilfe dabei, zu verstehen, was das Wesen echter Liebe ausmacht.

▸ Teenager müssen vermittelt bekommen, wie man den Charakter eines Menschen erkennt, anstatt sich auf Gefühle zu verlassen.

▸ Eltern verstärken nicht selten, ohne es zu wissen, den Druck zu festen Freundschaften, unter dem Teenager stehen.

▸ Jugendliche sollten ihre eigenen Richtlinien für Möglichkeiten und Grenzen einer festen Freundschaft aufstellen.

▸ Schlechte Angewohnheiten werden nach der Heirat eher schlimmer als besser.

▸ Es ist ein Riesenunterschied, ob man jemanden *liebt* oder ob man jemanden *braucht*. Teenager müssen lernen, sich selbst und ihre Gefühle zu verstehen.

12
Jugendliche und Sexualität

Ich war auf einer Lesereise für mein Buch *Sex beginnt in der Küche*[37]. Also rief ich in einem Buchladen an und fragte, ob sie auch genügend Exemplare vorrätig hätten. Eine Buchhändlerin nahm ab und ich fragte: „Haben Sie *Sex beginnt in der Küche*?"

Erst eine kurze Pause, dann ein schrilles: „Was geht Sie das denn an, wo ich Sex habe?!"

Sie hörte: „Haben Sie Sex" und „Küche" und das reichte ihr schon!

Wenn ich einen Vortrag halte und über Sex rede, wird es fast gespenstisch still im Saal. Wenn ich dann etwas Witziges über Sex sage, lachen alle sehr herzhaft. Das Thema Sex scheint angestaute Emotionen freizusetzen. Selbst als Erwachsene reden wir nicht ganz ungezwungen darüber – vor allem wenn es beim Gespräch über Sex darum geht, was unsere Kinder womöglich hinter verschlossenen Türen so machen.

Aber solche Gespräche müssen stattfinden! Ich bin noch immer ein unbeirrter Vertreter der Auffassung, dass Sex in die Ehe gehört. Leider stimmen mir immer weniger „Experten" darin zu. Sexuelle Aktivitäten von Teenagern sind schon so weit verbreitet, dass viele Berater sich damit abgefunden haben und mittlerweile den „sicheren Sex" über die Enthaltsamkeit stellen.

Das Problem dabei ist, dass kein Kondom das Herz eines jungen Mädchens zu schützen vermag. Regelmäßig kommen Opfer vorehelichen Geschlechtsverkehrs zu mir in die Sprechstunde. Geschlechtsverkehr vor der Ehe hat gravierende Auswirkungen – emotional, körperlich und geistlich. Wir werden all diese Aspekte detailliert betrachten, doch ich möchte meine Grundthese an den Anfang stellen: Sex vor der Ehe ist bestens geeignet, Jugendliche in große Schwierigkeiten zu bringen.

Die Welt unserer Teenager

Zu Zeiten unserer Großeltern heirateten junge Männer und Frauen sehr früh – noch unter zwanzig –, wenn sie gerade die Blüte ihrer Geschlechtsreife erreichten. Die Teenager von heute sehen sich einem doppelten Dilemma gegenüber: Sie erreichen Pubertät und Geschlechtsreife nicht nur in immer jüngeren Jahren, sondern die Ehe wird mit frühestens Mitte oder Ende zwanzig eingegangen. So entsteht eine Lücke von gut zehn bis fünfzehn Jahren vom Eintreten der Geschlechtsreife bis zum Alter der Eheschließung. Diese Lücke füllen die Teenager von heute mit verstärkter sexueller Aktivität.

Für Teenager ist Sex heute so selbstverständlich wie früher das Knutschen: Jeder zweite 16-Jährige hatte schon einmal Geschlechtsverkehr, wie eine Forsa-Umfrage im Auftrag des Hamburger Magazins *stern* unter 1000 Jugendlichen zwischen 14 und 19 Jahren ergab. Vor drei Jahren waren es nach einer Befragung der Bundeszentrale für gesundheitliche Aufklärung (BZgA) in diesem Alter erst 40 Prozent der Mädchen und 37 Prozent der Jungen. Mit 19 Jahren … hat fast jeder Jugendliche sein „erstes Mal" erlebt.

Teenager von heute haben bereits ein breites Wissen über Sexualität. Über die groben Fakten weiß jeder 13-Jährige Bescheid. Die befragten Jugendlichen gaben an, Informationen über Sex hauptsächlich von Freunden (76 Prozent), aus dem Schulunterricht (60 Prozent) oder aus Zeitschriften und Magazinen (57 Prozent) zu beziehen. Bei den 14- bis 15-Jährigen steht der Unterricht sogar an erster Stelle.

Für die Aufklärung wird auch das Internet immer wichtiger: Gut jeder vierte Junge surft regelmäßig im Netz, um an Informationen über Sex zu kommen – allerdings nur jedes elfte Mädchen. Details über sexuelle Techniken und Anregungen für das eigene Liebesleben suchen sich Jugendliche auch vermehrt in Filmen und Magazinen, die für sie eigentlich

nicht gedacht sind: Knapp 60 Prozent haben schon mindestens einmal einen Pornofilm gesehen. Sex-Szenen, die in
Filmen und Musikvideos vorkommen, hält zwar jeder Zweite
für ‚unrealistisch‘, doch gerade viele Jungen finden sie auch
‚ansprechend‘ (54 Prozent) und ‚anregend‘ (45 Prozent).

Trotz erfolgreicher Aufklärung erleben Jugendliche ihr erstes
Mal meistens völlig ungeplant. Drei Viertel aller Befragten
sagten, ihr erster Sex sei ‚spontan und überraschend‘ passiert.
Zwar gaben vier von fünf Jugendlichen an, niemals ohne Kondom mit einer neuen Liebe ins Bett zu gehen. Trotzdem
scheint im Eifer des Gefechts der Gedanke an Verhütung oder
Aids oft auf der Strecke zu bleiben."[38]

So sieht die Welt aus, in der unsere Teenager leben. Können
Sie es sich da leisten, Ihren Kindern gegenüber zu schweigen
und zu „hoffen", dass sie von all dem unbeeindruckt und nicht
beteiligt die höheren Klassen und die Ausbildung hinter sich
bringen? Absolut nicht. Und wie lautet dann die Lösung?
Fangen Sie an, mit Ihren Kindern über Sex zu reden, noch bevor sie in die Pubertät kommen.

Wie rede ich über Sex?

Ich weiß, es fällt schwer, überhaupt mit jemandem über Sex zu
reden. Umso schwieriger ist es, mit Ihren Kindern über das
Thema zu sprechen. Es wäre doch viel einfacher, wenn wir eine
Informationsbroschüre unter der Tür unserer Teenager hin-
durchschieben könnten und eine Notiz dazu heften: „Bei Fragen zum Thema Sex bitte unter der gebührenfreien Nummer
in meinem Büro anrufen."

Teenager brauchen jedoch mehr als reine Information. Was
Heranwachsende unbedingt brauchen, ist Liebe, Verständnis
und die Bereitschaft ihrer Eltern, wirklich an ihrem Leben Anteil zu nehmen.

Am allerwichtigsten ist es, Sex positiv darzustellen. In dem Bemühen, zu frühe sexuelle Erfahrungen unserer Kinder zu verhindern, stehen Eltern leicht in Gefahr, Sex
generell negativ darzustellen. Dabei sollten
wir unseren Kindern doch vermitteln, wie
großartig Sex ist – und dass es sich lohnt,
etwas dafür zu tun, damit er auch eine großartige Erfahrung werden kann.

Gerade beim Thema Sex gilt: Jugendliche brauchen mehr als Information. Sie müssen erleben, wie ihre Eltern mit diesem Thema umgehen.

Zu einem Sohn würde ich in etwa Folgendes sagen: „Sex ist
gut, Timo. Sogar toll! Wunderbar! Unvergleichlich! Es fühlt
sich ganz besonders an, jemanden so zu berühren und so
berührt zu werden. Es gibt zwar viele gute Gefühle im Leben –
such dir aus, wobei du dich richtig gut fühlst. Aber im Vergleich zu Sex ist das gar nichts. Und eines Tages wirst du dieses
großartige Gefühl mit deiner Frau genießen.“

Mancher wird vielleicht einwenden: „Werden sie durch ein
solches Gespräch nicht erst recht Sex vor der Ehe ausprobieren
wollen?“ Nein, denn Sie betten Sex ganz klar in die Ehe ein. Es
ist völlig verfehlt, wenn Sie versuchen zu leugnen, dass Sex
etwas Gutes ist. Wenn ein Mädchen auf Timos Schoß sitzt und
er zunehmend erregt wird, denkt er wohl kaum: „Na ja, so
spannend ist es nun auch nicht.“ Sondern eher: „Mann, ist das
toll! Ist ja unglaublich!“

Wenn Sie Sex in düsteren Farben darstellen, verlieren Sie das
Vertrauen Ihrer Kinder. Sie müssen Ihrem Sohn sagen, dass
Sex sehr aufregend sein kann und eine der nachhaltigsten Er-
fahrungen, die er je machen wird. Sonst wird er von sexuellen
Gefühlen überrumpelt und könnte denken: „Wenn meine
Eltern Sex für gefährlich halten, wussten sie womöglich nicht,
wovon sie sprachen. Vielleicht stimmt mit ihnen etwas nicht
und sie haben noch nie solche sexuellen Gefühle erlebt.“

Das ist einer der Gründe, warum ich mir kaum eine bessere
Art vorstellen kann, mit Ihren Teenagern in Verbindung zu

Reden Sie mit Ihren Kindern über Ihre eigenen Erfahrungen mit Sexualität. Und machen Sie deutlich, dass Sie Ihnen ein wundervolles, erfüllendes Liebesleben gönnen.

bleiben, als Ihren Kindern ein paar wahre Begebenheiten aus Ihrem Leben zu erzählen. Damit zeigen Sie ihnen, dass sie eigentlich kein Steinzeitwesen sind, dass Sie selber schon sexuelle Versuchungen erlebt haben, und dass Ihnen die vielen Kämpfe und Versuchungen wohl bekannt sind. Durch solche aufrichtigen Enthüllungen erkennen Ihre heranwachsenden Kinder, dass Sie *bei* ihnen sind und nicht *gegen* sie; dass Sie Ihren Kindern ein wunderschönes, erfüllendes Liebesleben gönnen – am richtigen Ort zur richtigen Zeit.

Wenn Sie mutig genug sind, ein paar Ihrer eigenen Erfahrungen mitzuteilen, *könnten* Sie unter Umständen dadurch belohnt werden, dass Ihre Kinder auch Ihnen ein paar eigene Gedanken und Gefühle mitteilen.

„Schön und gut", mag der eine oder andere einwenden, „aber *wie* fange ich ein Gespräch über Sex an, wenn ich das Thema nie zuvor angesprochen habe?"

Im Idealfall fangen Sie damit an, wenn Ihre Kinder noch klein sind. So haben Sie es nicht nur leichter, sich später wieder auf das Thema zu beziehen, sondern Ihre Kinder können sich in einer geschützten Umgebung mit ihrer normalen sexuellen Neugierde auseinander setzen.

Nehmen Sie ein Buch, das den menschlichen Körper angemessen darstellt, und kommen Sie mit Ihren Kindern darüber ins Gespräch. Denn bei diesem Thema hat Unwissenheit nichts zu suchen. Beantworten Sie alle Fragen offen und genau. Vielleicht müssen Sie sich erst einmal vor den Spiegel stellen und laut *Penis* und *Scheide* sagen, bevor Sie das auch vor Ihren Kindern tun können – aber tun Sie es! Von Anfang an, wenn Ihre Kinder ihre ersten Fragen über Sexualität stellen (Wo kommen eigentlich die Babies her?), sollen Ihre Kinder wissen, was für ein wunderbares Geschenk Sex im Rahmen einer verbindlich eingegangenen dauerhaften ganzheitlichen Beziehung wie einer Ehe ist. Die Vorstellung, dass Geschlechtsverkehr auch außerhalb dieses Rahmens einer umfassenden dauerhaften Gemeinschaft stattfinden könnte, sollte sich ruhig abwegig und unwürdig anhören – weil es das auch ist.

Sobald Ihre Kinder ins Pubertätsalter kommen, ist es Zeit, spezifischer zu werden und Strategien zu vermitteln, wie sie mit dem Geschenk der Sexualität so umgehen können, dass Sie später einmal eine wirklich erfüllte intime Beziehung mit ihrem Ehepartner leben können. Reden Sie darüber, was Sie und Ihr Ehepartner getan haben, um mit dem Verlangen nach mehr körperlicher Nähe gut umzugehen, bevor Sie heirateten. Lesen Sie Bibelstellen, in denen von der Bedeutung der Selbstbeherrschung sowie von der Freude an Sexualität in der Ehe die Rede ist. Seien Sie offen und ehrlich, bejahend und nicht verurteilend. Verschweigen Sie nicht, dass es nicht immer einfach ist, diesen Richtlinien zu folgen – aber dass es sich auf jeden Fall lohnt.

Wenn Sie der Gedanke an eine direkte Unterredung mit Ihrer Tochter oder Ihrem Sohn zu sehr abschreckt, versuchen Sie es auf die lockere Art. Meine Kinder kennen viele meiner Jugendsünden. Sie wissen, dass ich als Kind nicht vollkommen war. Und sie hören gern, welche Dummheiten ich als Teenager angestellt habe.

Meine Frau und ich haben beide mit dem Sex bis nach unserer Hochzeit gewartet. Aber wir erinnern uns noch gut daran, dass es nicht einfach war und wie wir die Versuchungen überwunden haben. Ich gebe nicht vor, kein Verlangen nach mehr Nähe und Intimität gehabt zu haben oder dass mir so etwas nicht in den Sinn gekommen wäre.

Viele Psychologen sind der Auffassung, man solle sich bei solchen ernsten Gesprä-

Wenn schon das Thema ernst ist – achten Sie auf einen „beiläufigen" Rahmen. Beim Autofahren lässt sich bestens über „heikle" Themen sprechen.

chen Auge in Auge gegenübersitzen. Da bin ich ganz anderer Meinung! Wenn Sie mit Ihrer Tochter über Sex reden, tut es sehr gut, die weißen Streifen auf der Autobahn zu betrachten und sich gleichzeitig zu zwingen, Themen aufzubringen und Worte auszusprechen, die einem nicht so leicht über die Lippen kommen. Und ehrlich gesagt genießt es Ihre vierzehnjährige Tochter, die noch nicht sehr lange einen BH braucht, wenn sie aus dem Beifahrerfenster schaut, die Augen verdreht und bei sich selbst denken kann: *Ich glaub's ja nicht, dass mein Vater so ein Gespräch mit mir führt.* Unterschätzen Sie nie den Wert des Autofahrens, während Sie schwierige Gespräche führen! Ich bin nicht nur Psychologe – ich bin auch ein Vater, der fünf Kinder großzieht. Und ich musste einiges Lehrgeld zahlen.

Heutige Jugendliche wissen zwar fast alles über die „technische" Seite der Sexualität – aber erschreckend wenig darüber, wie man dieses „technische" Wissen im Rahmen einer ganzheitlichen personalen Liebesbeziehung einsetzt.

Ist das Thema erst einmal angesprochen, können Sie sich auch einmal einen längeren Zeitrahmen dafür vornehmen – beispielsweise ein Wochenende allein mit Ihrem Kind. Bevor Sie den Schluss ziehen, Väter sollten sich die Jungs vornehmen und Mütter die Mädchen, möchte ich gleich Einwände erheben. Ich trete sehr dafür ein, dass sich die Eltern jeweils mit dem Kind des anderen Geschlechts unterhalten sollten. Als Berater hatte ich schon mit zu vielen Frauen zu tun, die von ihren Müttern „aufgeklärt" worden waren, die noch weniger wussten als die Tochter selber! Wer versteht besser, was eine Frau denkt und fühlt und wie ihr Körper reagiert, als die Mutter eines Jungen? Und wer kann einem jungen Mädchen besser erklären, wie leicht ein Junge erregt sein kann, als ihr Vater? In der geschützten, nicht von sexuellem Erwartungsdruck geprägten Umgebung können Heranwachsende Antworten aus erster Hand erhalten.

Denken Sie einmal darüber nach, woher Sie Ihre Informationen über Sex haben. Wenn es Ihnen geht wie den meisten Menschen, bekamen Sie sie von falsch informierten Freunden, schmutzigen Witzen, Pornoheften und sogar Toilettenwänden. Für mich persönlich und Moonhead, meinen Freund aus Kindertagen, hieß das einschlägige Lehrwerk *National Geographic*! Heutige Jugendliche wissen zwar Umfragen zufolge alles über die technische Seite der Sexualität – aber oft genug erschreckend wenig über die emotionalen Aspekte und darüber, wie man all dieses „technische" Wissen in eine Beziehung verwandelt, die nicht nur den Körper des anderen meint, sondern seine ganze Person. Aus Umfragen wissen wir auch, dass leider nur wenige Menschen das Privileg haben, gute, aufrichtige und genaue Informationen aus dem eigenen Elternhaus von liebenden Eltern zu beziehen. Würden Sie Ihren Kindern nicht gerne einen geschützten Start in ihre pubertäre Entwicklung gönnen?

Ich weiß, es ist nicht einfach, genügend Zeit zu finden – für mich ebenso wie für Sie. Manchmal konnte ich es so einrichten, dass ich eines meiner Kinder mit auf eine Dienstreise genommen habe, beispielsweise zu einem Seminar oder einer Radioproduktion. Ich sehe zu, dass wir genug gemeinsame Freizeit haben, aber auf alle Fälle auch für ernste Gespräche beim Abendessen oder im Hotelzimmer. Jedes Kind würde die eigenen Aktivitäten bereitwillig zurückstellen, um mit mir zu verreisen. Nach der Rückkehr fühlen wir uns einander jedes Mal näher und verstehen einander besser. Für beide Seiten hat es sich gelohnt.

Wenn Sie zu beschäftigt sind, um Zeit für wichtige Gespräche mit Ihren Kindern zu haben – dann sind Sie zu beschäftigt.

Wenn Sie zu beschäftigt sind, um sich Zeit für so etwas zu nehmen, sage ich Ihnen eines: Sie sind *zu* beschäftigt. Sie müssen ein paar Termine aus Ihrem Kalender streichen. Wenn Sie sich ernsthaft wünschen, dass die Einstellung und Lebensweise Ihrer Kinder zur Sexualität positiv ist, sollten Sie sich mehr in das Leben Ihrer Kinder einbringen. Nach einer Studie übernehmen Heranwachsende am ehesten die Haltung ihrer Eltern über Sex im Teen-Alter, wenn die Eltern häufig über sexbezogene Themen reden und sich augenscheinlich wohl dabei fühlen.[39] Wenn Eltern dagegen nie über Sex reden, haben die Kinder vermutlich keine klare Vorstellung von der Haltung ihrer Eltern gegenüber Sex und werden sie dann eher nicht übernehmen.[40]

In der Studie zeichneten sich die Heranwachsenden, die die Werte ihrer Eltern am ehesten übernahmen, durch zwei Merkmale aus. Sie sagten, ihre Eltern hätten häufig mit ihnen über Fragen zum Thema Sex gesprochen, u. a. über normale sexuelle Entwicklung und Reife. Aber auch über Verhütung und AIDS und andere sexuell übertragbare Krankheiten. Sie sagten auch, ihre Eltern waren bei den Gesprächen über Sex „informiert und offen", sodass die Teenager sich bei diesen Gesprächen wohl gefühlt hätten. Wenn Sie bei sich zu Hause solch eine Atmosphäre schaffen können, gehören Ihre Teenager zu den wenigen Glücklichen, zu der echten Minderheit, die in einem geschützten Umfeld aufwachsen, wo sie ihre sexuellen Bedürfnisse entdecken und lernen, angemessen damit umzugehen.

Das „Wie" haben wir nun besprochen – Gespräche im Auto, auf Dienstreisen, zu Hause. Nun wollen wir sehen, *was* angesprochen werden muss.

Helfen Sie Ihren Kindern, sich für eine erfüllte Sexualität zu entscheiden

Ich halte häufig Vorträge zum Thema Sexualität vor Jugendlichen. Die Jugendlichen lieben es, weil ich Dinge sage, die sie nicht von mir erwarten. Beispielsweise frage ich sie nach den beliebtesten Bezeichnungen für die männlichen Genitalien. Es dauert ein wenig, bis sie warm werden, doch dann geht die Post ab. Man könnte jedoch eine Stecknadel fallen hören, wenn ich plötzlich umschalte und frage: „Toll! So, und wie nennen wir die weiblichen Genitalien?"

Wenn das Schweigen kein Ende hat, frage ich: „Warum seid ihr alle so still? Hören sich diese Wörter vielleicht schmutzig und vulgär an? Lassen sie die geschlechtliche Liebe vielleicht ordinär und würdelos erscheinen?"

Ich rede über alles, was Ihnen und mir womöglich selbstverständlich vorkommt, über das viele junge Menschen jedoch noch nie nachgedacht haben. Ich erkläre den Mädels beispielsweise, dass sie Jungs in 3,4 Sekunden anmachen können (an den langsamen Tagen natürlich). Wenn Susi mit einer tief ausgeschnittenen Bluse zur Verabredung ins Kino kommt, garantiere ich Ihnen, dass Samuel den halben Film über nach unten statt nach oben schauen wird.

Jungs möchten aus einem einzigen Grund sexuell aktiv werden: Es fühlt sich gut an. Wenn Sex schmerzhaft wäre, würden junge Männer bereitwillig bis zur Hochzeit warten, um Kinder zu zeugen. Junge Mädchen haben andere Gründe – künstliche Nähe herstellen, den Jungen nicht verlieren wollen. Aber viele suchen auch ihr Vergnügen. Da Vergnügen als Hauptmotiv hinter sexuellen Aktivitäten steckt, brauchen Sie umso mehr und bessere Gründe, damit Ihre Kinder sich nicht durch zu frühe Erfahrungen die Chance auf eine erfüllende Sexualität in der Ehe verderben. Finden Sie diese Gründe, so haben Ihre Kinder eine gute Chance, der starken Verlockung des vielleicht intensivsten Vergnügens der Menschheit widerstehen können.

Religiöse Werte

Ein Artikel in der *Arizona Republic* hatte folgenden ermutigenden Aufmacher:

Faith Shepherd ging mit 29 Freundinnen und Freunden zum

Abschlussball. Jeder dieser Mormonen-Teens hatte einen Freund oder eine Freundin, aber keiner gab sich als gefühlsduseliges, romantisches, knutschendes Pärchen ...

Lubna Ahmad, eine dreizehnjährige Muslimin, interessiert sich mehr für Musik und Mathe als für Jungs. Sie will sich unbedingt auf die Schule konzentrieren. Und wenn sie heiratsfähig ist, wird sie sich nach muslimischen Regeln einen Ehemann suchen ...

Josh Harris, 23, küsste seine Verlobte zum ersten Mal am 3. Oktober – nachdem sie zu Mann und Frau erklärt worden waren. Harris ist Christ und Sprecher der Bewegung für die sexuelle Enthaltsamkeit vor der Ehe.[41]

All diesen jungen Leuten ist eine grundlegende Glaubenserfahrung gemeinsam, die ihnen in den wichtigsten Dingen des Lebens Orientierung gibt. Faith Shepherd sagte: „Jetzt ist nicht die Zeit, einen Mann zu finden. Jetzt ist die Zeit, herauszufinden, welche Eigenschaften ich mir an einem Ehemann wünsche." Religiöse Werte bestärken Jugendliche in ihrer Entscheidung, nein zu sagen zu beliebigen vorehelichen Beziehungen.

Wenn Sie wirklich wollen, dass Ihre Kinder keine verletzenden und entwürdigenden sexuellen Erfahrungen machen, geben Sie ihnen ein größeres Wertgefüge, in das sie die Sexualität einordnen können. Es hilft Ihren Kindern, einen Glauben zu haben, der über *Sie* und Ihre elterliche Autorität hinausgeht.

> Wenn Sie wollen, dass Ihre Kinder keine verletzenden und entwürdigenden sexuellen Erfahrungen machen, geben Sie ihnen ein größeres Wertgefüge, in das sie die Sexualität einordnen können.

An einen allgegenwärtigen Gott zu glauben ist für einen Jugendlichen eine starke Realität.

Auf schmerzhafte Konsequenzen hinweisen

Ich gehöre nicht zu den Leuten, für die sexuelle Aufklärung eine einmalige Angelegenheit ist. Über Enthaltsamkeit redet man am besten in Zeiten, die ich als die „Lern-Gelegenheiten des Lebens" bezeichne. Sagen wir beispielsweise, Sie hören, wie Ihre Tochter über eine Klassenkameradin tuschelt, die mit fünfzehn schwanger geworden ist. In der Mittelstufe gehörte sie zu den besten Volleyballspielerinnen und sie hatte immer davon geträumt, für eine angesehene Mannschaft zu spielen. Anstatt meinem Kind nun eine Predigt zu halten, würde ich bloß sagen: „Was meinst du: Wird sie je in einer namhaften Mannschaft spielen können?"

Wenn Sie mit Ihren Kindern im Gespräch bleiben, werden sich eine Menge Gelegenheiten ergeben, in denen Sie die Realitäten des Lebens regelrecht anspringen. Ja, wir reden nicht gern über Fünfzehnjährige, die schwanger geworden sind. Aber als Eltern haben wir hier die Pflicht, anhand dieser Gelegenheiten zu bekräftigen, was wir ihnen schon immer beigebracht haben.

Helfen Sie Ihren Kindern zu begreifen, wie viele Möglichkeiten sie haben, sich ihr Leben zu verpfuschen. Und wie sie das vermeiden können.

Nachdem ich die Frage oben gestellt hätte, würde ich hinzufügen: „Mein lieber Mann, es kann schon ganz schön üble Folgen haben, wenn man sich von seiner Leidenschaft gefangen nehmen und von seinen Gefühlen forttragen lässt, und sei es nur für eine Nacht."

So gerne wir auch die Augen vor den unschönen Seiten dieses Lebens verschließen möchten – wir müssen den Schmutz dieser Welt ans Licht bringen und sogar beim Essen darüber diskutieren. Die meisten Eltern wollen das nicht; wir wollen unsere Kinder unter eine Glasglocke setzen und so tun, als seien sie dort sicher und geschützt. Sind sie aber nicht. Wir müssen ihnen helfen zu erkennen, wie viel Potenzial in ihnen steckt, ihr Leben zu verpfuschen.

Ich führe meinen Kindern gerne den Mechanismus vor Augen, den ich als „winziger Auslöser – gigantische Wirkung" bezeichne. Damit meine ich, dass sie im Bruchteil einer Sekunde eine Entscheidung treffen können – beispielsweise Sex auf der Rückbank des Autos, auch wenn keiner von beiden das vorausgeplant hatte –, die ihr Leben für immer verändert. Ein einziges Zechgelage, ein einziges Mal auf Drogen – diese „winzigen" Entscheidungen können gigantische Auswirkungen haben und ihre schönsten Träume zum Platzen bringen.

Sagen Sie deutlich, warum es am besten ist, zu warten
Es gibt viele Gründe dafür, dass Heranwachsende sich für Enthaltsamkeit entscheiden sollten. Sie müssten lange Vorträge halten, wollten Sie alles in einer „Sitzung" zu erklären versuchen. Greifen Sie sich lieber im Laufe eines Jahres die „Lerngelegenheiten" heraus, um Ihre Teenager an die Gründe dafür zu erinnern, sich nicht auf vorschnelle sexuelle Abenteuer einzulassen.

Lassen Sie Ihre Kinder wissen: Es gibt winzige Auslöser mit gigantischen Konsequenzen: Eine unbedachte Augenblicksentscheidung kann das Leben negativ prägen.

Ein Riesenargument dafür, mit Sex zu warten, ist eine nicht wirklich freiwillig eingegangene Ehe. Ich wollte, Sie könnten meine Klienten sehen: Paare, die sich selbst nach fünfzehn Jahren Ehe noch nie damit auseinander gesetzt haben, dass sie den anderen gar nicht heiraten wollten, sondern dazu „gezwungen" wurden – sei es durch unerwartete Schwangerschaft oder durch „falsche Gefühle" aufgrund vorehelichen Geschlechtsverkehrs. Sex vor der Ehe ist keine Vorbereitung auf eine gute Ehe. Er ist vielmehr eine großartige Möglichkeit, in eine schlechte Ehe zu geraten.

Sexuell übertragbare Krankheiten sind ein weiterer guter Grund für Enthaltsamkeit. Erschreckend wenig Teenager sind über mögliche Folgen einer AIDS-Infektion informiert. Da wir uns mit diesem Thema ausgiebig im nächsten Kapitel beschäftigen werden, reicht hier nur dieser kurze Verweis.

Viele Experten, die ihren Rat nur auf die Fragen von „siche-

rem Sex" begrenzen, lassen außer Acht, dass sexuelle Beziehungen oft in Form von „Flashbacks" (kurze, blitzartige
Rückblenden) nachhaltiger wirken. Sexuelle „Flashbacks" sind
fast wie die, die von halluzinogenen Drogen ausgelöst werden –
sie kommen und gehen, ohne dass man sie beeinflussen kann,
häufig in den ungünstigsten Augenblicken. Eine Frau mag
leidenschaftlichen Sex mit ihrem Mann genießen, und plötzlich
will ihr Ralph oder Fred oder John – frühere Sexpartner – nicht
mehr aus dem Sinn.

Wenn das zum ersten Mal passiert, kann das extrem ver-
wirrend sein. Wenn diese „Flashbacks" regelmäßig auftreten,
nimmt die geschlechtliche Beziehung zwischen dieser Frau
und ihrem Mann großen Schaden.

Der in meinen Augen wichtigste Grund dafür, mit dem Sex
bis zur Ehe zu warten, liegt in der Selbstachtung und in der
Achtung vor der Person des künftigen Ehepartners. Wie kann
ein Mann diese intimste Seite seiner Person seiner Frau zum
Geschenk machen (und darum geht es ja bei der sexuellen Begegnung), wenn er sie bereits vorher mit verschiedenen Partnern ausprobiert hat? Wie kann sich eine Frau als wertvoll und
begehrenswert empfinden, wenn sie von einem anderen Mann
bereits „fallen gelassen" wurde? Voreheliche Beziehungen sind
eine enorme Hypothek, die eine spätere Ehe enorm belasten
können.

Seien Sie selber keusch
Wenn Sie als Vater, wollen, dass Ihr Sohn sexuell enthaltsam
ist, er aber Ihren Stapel *Playboy* entdeckt, wundern Sie sich
nicht, wenn er Ihnen nicht zuhört, wenn Sie über Enthaltsamkeit reden. „Wenn Sex nur in die Ehe gehört", würde er
berechtigterweise fragen, „warum schaut sich mein Dad dann
gerne Bilder von nackten Frauen an, mit denen er nicht verheiratet ist?"

Wenn sonst nichts nützt, werden Sie vulgär

In vielen meiner Bücher habe ich über „Schockwirkung" gesprochen. Wenn wir die Aufmerksamkeit unserer Kinder gewinnen wollen, müssen wir manchmal etwas sagen, das sie schockiert. Ich glaube, der Druck zum Sex unter Jugendlichen ist heute so groß, dass hier eine Schockwirkung angebracht sein könnte.

> *Manchmal gewinnen wir die Aufmerksamkeit unserer Teenager nur, indem wir sie schockieren.*

Im nächsten Kapitel sehen wir zum Beispiel eine Tabelle (Seite 183), die zeigt, wie gefährlich es sein kann, mehrere Sexpartner zu haben. Denn man setzt sich nicht nur diesen Partnern aus, sondern auch den Partnern *der Partner*. Ich könnte diese Tabelle meiner Tochter oder einer Patientin vorlegen und sagen: „Weißt du, Michelle: Wenn du mit zwölf Leuten Sex hast, von denen jeder wiederum mit zwölf Partnern Sex hatte, ist das genauso, wie wenn du 4095 Penisse in deinen Körper steckst – immer schön der Reihe nach."

Natürlich ist das vulgär und grob, aber es ist auch schockierend. Und es stimmt. Ich verspreche Ihnen, das Mädchen wird sich daran erinnern.

Nachdem Sie jetzt also dieses Kapitel gelesen haben, nehmen Sie doch mal eine Karteikarte zur Hand und schreiben Sie auf, aus welchen Gründen Sie Ihren Kindern raten, mit dem Sex zu warten – möglicherweise noch ganz andere als die hier genannten. Und dann notieren Sie all die anderen Themen, die Sie noch mit Ihren Teenagern besprechen müssen. Haben Sie alle in letzter Zeit angesprochen? Sie können nicht alles auf einmal besprechen. Aber fangen Sie an, nach Möglichkeiten zu suchen, wie Sie Ihre Kinder im Blick auf den Umgang mit Sexualität bestmöglich informieren können.

Und wenn sie bereits sexuell aktiv sind?

So, und was machen Sie, wenn Sie solche Gespräche noch nicht geführt haben und in der Strumpfschublade Ihrer Tochter die Pille entdecken? Ich weiß, viele von Ihnen mögen denken, die Pille ist eine tolle Sache für Ihre Tochter. Es macht mich traurig, wie viele Eltern herausfinden, dass ihre Töchter Geschlechtsverkehr haben, und die sie dann mit einem resignierten Schulterzucken zum Arzt bringen, um ihr die Pille verschreiben zu lassen. Ich persönlich finde, Sie als Eltern handeln hier *vollkommen* unverantwortlich. Nach meiner Auffassung bedeutet das grünes Licht für Ihren Teenager, was absolut verkehrt ist.

Wenn Sie also etwas entdecken, das auf Geschlechtsverkehr hindeutet, empfehle ich Ihnen, sich Ihr Kind zu schnappen und vielleicht zusammen essen zu gehen. Dann würde ich in etwa folgendes Gespräch führen:

„Schatz, ich weiß nicht, wie ich mich ausdrücken soll. Ich sage es einfach direkt: Deine Mutter hat dir frische Sachen ins Zimmer geräumt und die Pille in deiner Schublade gefunden. Dir ist bestimmt nicht wohl dabei zu wissen, dass wir wissen, dass du dir hinter unserem Rücken die Pille beschafft hast. Was wir da über deine Lebensweise erfahren, erschreckt uns sehr.

Falls du Sex mit Bastian hast, solltest du ein paar Dinge wissen. Die Pille schützt dich nicht vor sexuell übertragbaren Krankheiten. Wenn Bastian noch mit anderen Sex hatte, setzt du dich auch deren Krankheiten aus. Außer dir eine Krankheit zu holen, die dich womöglich dein ganzes Leben lang begleitet, könntest du auch schwanger werden. Wenn du das Kind austragen willst, steht dir ein schwieriger Weg bevor – ganz zu schweigen von dem Baby selber. Wenn du das Baby abtreiben willst, bekommst du riesige Schuldgefühle. Wenn die Schwangerschaft zu einer vorschnellen Heirat führt, bereust du das vielleicht dein Leben lang.

Sex vor der Ehe kann sehr wohl bedeuten, dass deine sexuelle Befriedigung in einer Ehe eingeschränkt sein kann. Gefühlsmäßig und körperlich haben Frauen, die vor der Ehe oder mit mehr als einem Mann Sex hatten, größere Schwierigkeiten, darüber hinwegzukommen.

Aus all diesen Gründen bin ich enttäuscht, dass du dich entschieden hast, sexuell aktiv zu sein. Ich halte es für falsch und gefährlich. Ich weiß zwar, dass ich keinen Einfluss darauf habe, wie du dein Leben leben willst. Doch als Vater fühle ich mich verantwortlich darauf hinzuweisen, wie zerstörerisch deine Entscheidung sein kann."

Je nach Situation würde ich es dabei belassen. Das mag einige von Ihnen zwar schockieren. Aber es zieht nur die Konsequenz aus der Tatsache, dass wir unsere Teenager nicht kontrollieren können. Falls Sie noch immer an einem ernsten Fall von Naivität leiden, lassen Sie mich Ihnen als Berater sagen: Wenn zwei Teenager Sex haben wollen, dann werden sie auch Sex haben. Sie können ihnen alle möglichen Regeln auferlegen wie: „Ich möchte, dass du fünfzehn Minuten nach dem Fußballspiel zu Hause bist – und ich bekomme schon mit, wann es zu Ende ist!" Aber woher wissen Sie, dass sie wirklich zu dem Spiel gehen? In meiner Praxis gestand mir einmal ein Neuntklässler, dass er in der Waschküche mit seiner Freundin Sex hatte, während beide Eltern zu Hause waren.

Was Sie zum Verhalten Ihrer Kinder denken, ist wichtiger, als Sie meinen. Lassen Sie es Ihre Kinder auch wissen – auch da, wo Sie ganz und gar nicht mit ihnen einverstanden sind.

Sie werden es nicht schaffen, Ihre Kinder in diesem Alter unter Kontrolle zu haben. Aber halten Sie mit Ihrer Meinung nicht hinterm Berg. Ihre Gedanken sind wichtiger, als Sie meinen. Leider sind einige Kinder (und Erwachsene!) entschlossen, auf die harte Tour zu lernen. Wenn Ihre Jugendlichen erpicht darauf sind, diesen Weg einzuschlagen, werden Sie sie leider kaum davon abbringen können. Alle Eltern möchten, dass ihre Kinder „leicht" lernen. Aber Kinder haben ihren eigenen Kopf.

Nachdem wir nun über Sex im Allgemeinen gesprochen haben, werden wir im nächsten Kapitel einige damit zusammenhängende Themen betrachten, die allen Eltern von heute bewusst sein sollten.

Zur Erinnerung:

▸ Teenager brauchen mehr als Information. Sie brauchen Liebe, Verständnis und Engagement ihrer Eltern.

▸ Reden Sie mit Ihren Kindern über Sex, sobald sie anfangen, Fragen danach zu stellen – also im Kindergartenalter.

▸ Stellen Sie Sex Ihren Teenagern als etwas sehr Schönes dar – im Rahmen einer dauerhaften, verbindlichen und ganzheitlichen Beziehung.

▸ Begegnen Sie Ihren Kindern offen, aufrichtig, bejahend und nicht verurteilend.

▸ Enthaltsamkeit ist für die Teens von heute sehr schwierig. Helfen Sie ihnen dabei.

▸ Das beste Vorbild für eine gesunde, erfüllende sexuelle Beziehung ist die, die Ihre Kinder bei Ihnen beobachten.

▸ Haben Ihre Kinder bereits sexuelle Erfahrungen, reden Sie mit ihnen über die Folgen.

13
Die Schattenseite von Sex

Ich hatte einen vierzehnjährigen Jungen in der Beratung und sagte ihm die typischen Dinge zum Thema Sex. „Hör mal", sagte ich, „es ist wirklich wichtig zu warten. Außerdem möchten Mädchen nicht angegrabscht werden. Mach dich doch nicht zum Trottel wie so viele andere. Sei anders. Sei etwas Besonderes."

Dieser Junge hörte sehr geduldig und fast schon ehrfürchtig zu. Ich beendete meine Ansprache und fragte: „Verstehst du, was ich meine?"

„Ja."

„Kommt so etwas auch bei dir an der Schule vor?"

„Ja."

„Hast du irgendwelche Fragen?"

„Ja."

„Und zwar?"

„Was machen Sie, wenn Ihre Freundin (die übrigens dreizehn war) ihre Hand in Ihre Shorts schiebt und nach Ihrem Ding grabscht?"

Wenn ich diese Geschichte auf einem Seminar erzähle, sollten Sie einmal die Reaktionen sehen. Bei der Hälfte der Mütter klappt der Unterkiefer runter. Ein paar Väter denken offen gestanden: *Mein lieber Mann! Das hätte mir damals mal passieren sollen!*

Die Geschichte ruft jedes Mal gemischte Gefühle hervor. Zeigt sie doch, wie sehr sich die Welt verändert hat und wie unsere Jugendlichen um einen gesunden Umgang mit Sexualität kämpfen müssen.

Wenn wir derlei Probleme wirklich lösen wollen, müssen wir Klartext reden. Das wissen Sie bereits. Darum lesen Sie ja dieses Buch und darum nehmen Sie sich gewiss die Zeit, mit

Ihren Teenagern über die Dinge zu reden, die schwieriger sind als alles, was wir bisher angesprochen haben.

Was, so fragen Sie sich vielleicht, könnte schwieriger sein, als mit meinem Kind über Sex zu reden? Versuchen Sie doch einmal, ins Detail zu gehen. Reden Sie mit Ihrem Sohn über Masturbation. Reden Sie mit Ihrer Tochter über Genitalherpes.

Sehen Sie, was ich meine? Sie sind bis hierher gekommen. Sie haben sich durch ein schwieriges Kapitel gemüht und viele von Ihnen sehnen sich insgeheim nach einer Pause. „Ich muss doch noch einkaufen gehen. Im Fernsehen läuft bestimmt eine gute Show. Kommen jetzt nicht die Abendnachrichten?"

Leider steht zu viel auf dem Spiel, um hier einen Schlusspunkt zu setzen. Was wir in diesem Kapitel ansprechen, wird sich auf Ihre Kinder und Enkel auswirken.

Wie bereits gesagt, sind das keine einfachen Themen, doch in meinen Seminaren ist mir etwas Eigenartiges aufgefallen. Wenn ich Erwachsenen gestatte, über Sex zu reden, brauchen sie eine Weile, um in Fahrt zu kommen. Doch wenn sie erst in Schwung sind, bekomme ich sie nicht wieder ruhig!

Ich kann nur wiederholen: Lernen Sie, mit Ihren Teenagern zu reden – über alles.

Recht bald melden sich Paare und stellen vor Hunderten von Menschen Fragen, die sie sich vor dem Seminar nicht hätten träumen lassen.

Genau das kann auch zwischen Ihnen und Ihren Kindern passieren. Es mag vielleicht etwas dauern, bis sie sich aufgewärmt haben. Aber wenn sie erst eine offene Beziehung haben (bedenken Sie: Es geht nicht um Regeln oder Normen – als Eltern von Jugendlichen geht es um die richtige Form von Beziehung), werden Ihre Teens Ihnen allmählich auch etwas von ihren Ängsten, Hoffnungen und sogar Fehlschlägen erzählen. Anfangs stöhnen sie eventuell bei sich: *Ich glaub's ja nicht!* So ein Gespräch, und das mit meinen Eltern! Doch schließlich werden sie sehr froh sein, Eltern zu haben, die sie so sehr lieben, dass sie sich mit den sensibelsten Dingen des Lebens befassen.

Fangen wir also an. Erstes Thema: Masturbation – oder was ich gerne als die große Erkundung bezeichne.

Die große Erkundung

Ich hoffe, nicht allzu viele Leser sind schockiert, wenn ich es geradeheraus sage: Ihr Sohn (und sehr wahrscheinlich Ihre Tochter) masturbiert. Es gibt Studien, wonach 96 Prozent aller Jungen masturbieren – und ich persönlich bin davon überzeugt, dass die restlichen 4 Prozent nicht die Wahrheit sagen! Anscheinend gibt es eine steigende Zahl junger Frauen, die es ebenfalls tun. Masturbation ist eine Möglichkeit, wie Jugendliche gefahrlos sexuellen Druck abbauen können – der übrigens sehr hoch ist.

Als ehemaliger Jugendlicher kann ich Ihnen gar nicht sagen, wie schockierend es ist, eines Nachts von einem „feuchten Traum" aufzuwachen und zu merken, dass man den ersten nächtlichen Samenerguss hatte. Diese Erfahrung macht jeder Junge, doch die wenigsten sind darauf vorbereitet. Als Eltern können Sie diesem geschlechtlichen Reifungsprozess nicht ausweichen. Wenn ein Junge nicht regelmäßig masturbiert, hat er nächtliche Samenergüsse. Entweder – oder. So entledigt sich der Körper des überschüssigen Samens, der sich in dem jungen Mann ansammelt.

Lassen Sie Ihren Kindern mehr Privatsphäre.

Ich habe mit jungen Männern – oft mit sehr religiösem Hintergrund – gesprochen, die riesige Schuldgefühle haben, weil sie von ihren Eltern nicht auf diese Erfahrung vorbereitet wurden. Sie meinen, sie hätten den

Traum „verursacht". Manche denken sogar darüber nach, was bloß geschehen ist, dass sie so „sündig" sind. Sie verstecken ihre schmutzige Wäsche und denken sich alle möglichen Tricks aus, um sich einigermaßen Privatsphäre und Respekt zu verschaffen.

Wir müssen uns unbedingt klar machen, dass Kinder in der Pubertät sexuelle Fantasien haben. Und dass die große Mehrheit auch masturbiert. Eltern sollten ihren Kindern in dieser Phase etwas mehr Privatsphäre lassen.

Viele Eltern sind unsicher, wie sie mit diesem Thema umgehen können. In manchen religiösen Kreisen gilt Masturbation als Sünde. Meine persönliche Meinung dazu ist, dass das Thema die ganze Aufregung nicht wert ist. Als Psychologe halte ich Masturbation für einen normalen und harmlosen Teil der Entwicklung eines jeden Menschen – wenn sie nicht zu übermäßigen sexuellen Fantasien, Schuldgefühlen oder unkontrolliertem Hunger nach Sex führt.

Natürlich sollen unsere Kinder ein moralisches Leben führen. Aber ein moralisches Leben bedeutet nicht: ein asexuelles Leben.

Natürlich sollen unsere Söhne ein moralisches Leben führen. *Doch moralisches Leben bedeutet nicht: asexuelles Leben.* Das müssen wir uns ganz deutlich vor Augen führen.

Nächtliche Samenergüsse müssen eine biologische Notwendigkeit sein; sonst würden sie nicht auftreten. Ein normales Maß an Masturbation gehört für mich in diese Kategorie.

Lassen Sie Ihren Sohn merken, dass Ihnen voll bewusst ist, wie schwierig es in unserer Zeit ist, einen guten und verantwortungsvollen Umgang mit der eigenen Sexualität zu finden. Sie könnten ihm beispielsweise sagen: „Vor dreihundert Jahren hättest du ungefähr in deinem Alter jetzt geheiratet. Deine Eltern hätten dir eine nette junge Frau ausgesucht. Aber heute brauchst du noch zehn, fünfzehn Jahre, bis du die finanziellen

Möglichkeiten hast, eine Familie zu ernähren. Du musst also lernen, deine sexuellen Bedürfnisse unter Kontrolle zu kriegen. Am besten geht das, wenn du ihnen keine Nahrung gibst. Wenn du dir unangemessene Bilder anschaust, wird dein sexueller Appetit nur *größer*, nicht kleiner. Du bist für kurze Zeit befriedigt, doch dann willst du bloß noch mehr Bilder sehen. Das führt nur zu Frust und Zorn."

Ganz wichtig: Das Schlimmste, was Sie einem Jungen in dem Alter antun können ist, ihm Schuldgefühle dafür einzureden, dass er ein sexuelles Wesen wird. *Masturbation führt nicht zu sexuellen Neurosen, aber falsche Schuldgefühle führen dazu.* In dieser Hinsicht können Söhne aus sehr religiösen Familien größere Schwierigkeiten bekommen als Söhne von Eltern, die gelassener damit umgehen. Der Psychologe Archibald Hart mahnt: „Wenn die frühzeitige Entwicklung und der lange Zeitraum aufgezwungener Abstinenz zusätzlich von Schuldgefühlen belastet werden, ergibt sich ein ... Faktor der Fehlentwicklung männlicher Sexualität. Es gibt eine gesunde Form von Schuld, die wir alle beachten müssen, aber falsche, neurotische Schuldgefühle tragen nicht dazu bei, ungutes sexuelles Verhalten zu unterbinden. Sie macht die Sache nur schlimmer. Für den Durchschnittsjungen ist es schwer genug, von 12 bis 25 den Kampf mit den aufwallenden Hormonen aufzunehmen. Wie soll er dabei noch mit Schuldgefühlen umgehen, die ihm durch Tabus von unsicheren oder unsensiblen Eltern eingepflanzt werden, die mit Verurteilungen schnell bei der Hand, aber in der Sprache der Vergebung Analphabeten sind ... Die Herausforderung, die wir bewältigen müssen, ist die: sexuelle Selbstbeherrschung zu vermitteln, ohne neurotische Schuldgefühle zu erzeugen."[42]

> *Das Schlimmste, was Sie einem pubertierenden Jungen antun können ist, ihm Schuldgefühle dafür einzureden, dass er ein sexuelles Wesen wird.*

Vermeiden Sie das Thema also nicht, sondern sprechen Sie es mit Ihrem Sohn direkt an. Vielleicht so:

„Sex ist etwas Großartiges. Wir möchten, dass du Sex einmal wirklich genießen kannst, nicht, dass er eine Quelle negativer Erfahrungen für dich wird. Wir möchten, dass du lernst, verantwortlich damit umzugehen.

Deshalb nennen wir dir ein paar Leitlinien: In diesem Haus hat Pornografie nichts zu suchen. Natürlich willst du wissen, wie der Körper einer Frau aussieht. Es gibt gute Bücher, die das zeigen. Aber die Bilder von Pornoheftchen zeigen Frauen auf eine entwürdigende Weise.

Es ist auch ein guter biblischer Rat, sich nicht in Fantasien über Dinge zu ergehen, die schädlich wären, wenn man sie täte. Du musst lernen, deine Gedanken zu beherrschen, damit das bloße ‚gute Gefühl‘, das du bei einer Sache hast, nicht dazu führt, in ungesunde Fantasien abzugleiten."

Die Herausforderung besteht darin, sexuelle Selbstbeherrschung zu vermitteln, ohne neurotische Schuldgefühle zu erzeugen.

Haben Sie auch ein Auge darauf, dass Ihr Teenager keine sexuell stimulierenden Filme, Videos oder Internetseiten konsumiert. Und sorgen Sie für ausreichend andere Beschäftigung: Hobbys, Sport, körperlich fordernde Aufgaben.

Problemschwangerschaften

„Eigentlich wolltest du doch schwanger werden, oder?", fragte ich Jennifer. Schließlich nickte die junge Frau.

Ich war der Erste, dem sie das eingestand.

Beabsichtigte Schwangerschaften sind etwas, das viele Eltern einfach nicht verstehen können. Ich habe beobachtet – und die Forschung hat das bestätigt –, dass junge Frauen, die sich von ihren bedeutendsten Bezugspersonen (Eltern und Familie) entfremdet und ungeliebt fühlen, nicht selten gezielt schwanger werden, um jemanden zu haben, der sie „wirklich liebt".

Die Fantasievorstellung von einem eigenen kleinen Baby klingt wunderbar attraktiv für junge Teenager, die sich auf die eine oder andere Art vom Leben benachteiligt fühlen. Erst wenn sie ein Kind zur Welt gebracht haben, geht ihnen allmählich auf, welche Verantwortung sie dadurch auf sich genommen haben, dass sie schwanger geworden sind.

Andere Mädchen werden schwanger, weil sie „versuchen", brav zu sein. Ich hatte schon solche Mädchen mit ihren Eltern bei mir im Sprechzimmer sitzen. Und alle waren in Tränen aufgelöst. Normalerweise wurde das Mädchen nach traditionellen christlichen Werten erzogen. Sie hat nie über Verhütung nachgedacht, weil sie ja gar nicht vorhatte, etwas Sündhaftes zu tun. Aber dann geriet die eigene Leidenschaft und die ihres Freundes außer Kontrolle, sie hatten Sex und sie wurde schwanger.

Ich erinnere mich an eine Sechzehnjährige, die mit ihrem achtzehnjährigen Freund Sex hatte. Der junge Mann hatte vorgehabt, Kondome zu kaufen, aber das Mädchen ließ ihn nicht. Kondome zu kaufen wäre nach ihrer Vorstellung einem Zugeständnis gleichgekommen, dass sie bewusst sexuell aktiv sein „wollte". Sie und ihr Freund schliefen zwar regelmäßig miteinander, doch sie lebte in einer Fantasiewelt und glaubte, es geschehe jedes Mal unerwartet.

Teenager nehmen sich nicht die Zeit, sich im Vorhinein darüber klar zu werden, wie weit sie in einer Beziehung gehen wollen und wie weit nicht.

Ein häufiger Grund für die Schwangerschaft von Teenagern liegt darin, dass die meisten nicht strukturiert oder planvoll leben. Für sie ist die Zukunft der nächste Freitag. Sie nehmen sich nicht die Zeit, sich darüber klar zu werden, wie weit sie in einer Beziehung gehen wollen und wie weit nicht. Viele Teenager finden sich dann in Situationen wieder, wo „eins zum anderen führte". Auf dem Gipfel der Leidenschaft ist es sehr schwierig und lästig, eine Auszeit zu nehmen und ein Verhütungsmittel anzuwenden.

Und überhaupt: Haben Sie je einen Film gesehen, in dem die Liebenden mitten in einer prickelnden Liebesszene innehalten, um ein Verhütungsmittel zu verwenden? Das sieht nun mal nicht romantisch aus.

Das evangelische Magazin *chrismon plus* vom Juli 2005 berichtet: „Die Entscheidung für ein Kind fällt jungen Frauen in Deutschland schwer. Teenager-Schwangerschaften nehmen zu. Während seit Jahren etwa gleich viele Frauen unter 20 Jahren ein Kind zur Welt bringen, rund 21 000, stieg nach Angaben des Statistischen Bundesamts die Zahl der Abbrüche in dieser Altersgruppe von 1996 bis 2004 stetig und deutlich an: bei minderjährigen Frauen um 66,3 Prozent ... Fachleute rätseln über die Ursachen des Anstiegs der Teenager-Schwangerschaften. Das Aufklärungsniveau deutscher Jugendlicher ist hoch. Einer Studie der Bundeszentrale für gesundheitliche Aufklärung zufolge sprechen 96 Prozent der Jugendlichen in einer Partnerschaft über Verhütung. Allerdings: Oft verläuft der erste sexuelle Kontakt ungeplant und ohne Verhütung. Und immer noch drei Prozent der Mädchen und vier Prozent der Jungen benutzen auch beim zweiten Mal kein Verhütungsmittel."[43]

Die sozialen und individuellen Kosten einer Mutterschaft im Jugendalter sind für Mutter und Kind gleichermaßen hoch. Kinder jugendlicher Mütter sind vielfach eher arm, ihre Eltern brechen die Schule häufiger vorzeitig ab.[44]

Ich kann es nicht oft genug sagen: Eltern müssen sich einbringen. Wir können nicht erwarten, dass unsere Teenager dem Druck zu sexueller Aktivität nicht nachgeben – und somit auch nicht das Risiko eingehen, schwanger zu werden –, wenn wir sie sich selbst überlassen. Sie brauchen Unterstützung, ein offenes Ohr und aktive, engagierte Eltern. Als Therapeut weiß ich aus erster Hand, dass sich viele Teenager von ihrer Familie entfremdet und ungeliebt fühlen.

Natürlich ist Schwangerschaft keineswegs die einzige Gefahr von Sex unter Jugendlichen.

Was Sex hinterlässt

Wenn der Gedanke an eine ungewollte Schwangerschaft Ihrer Tochter Sie nicht erschreckt, dann sollten es diese Zahlen: Jedes Jahr holen sich fast 3 Millionen Teenager (etwa einer von vier sexuell aktiven Jugendlichen) eine sexuell übertragbare Krankheit. HIV, der AIDS-Virus, steht an sechster Stelle der Todesursachen junger Menschen zwischen fünfzehn und vierundzwanzig Jahren in den USA.[45]

Zum Übelsten, das ich je gesehen habe, gehört der entzündete Herpesausschlag, den eine junge Patientin mir zeigte. Als sie ihre Shorts ein wenig hoch schob, entblößte sie den unansehnlichsten Ausschlag, den man sich vorstellen kann. Er verlief an der Innenseite ihrer Oberschenkel, was ich noch nie gesehen hatte. Das Traurigste ist: Wegen eines einzigen Geschlechtsakts als Jugendliche muss sie vielleicht ihr Leben lang mit diesem wiederkehrenden Ausschlag leben.

Sehen Sie es einmal so: Jonas und seine Schnecke treiben es hinter der Häuserecke. Und warum? Sie *LIEBEN* sich. Das ist nicht „Liebe", das ist *DIE LIEBE*, die nie zuvor jemand so empfunden hat. Es ist eine einzigartige Leidenschaft, die nur diese beiden entdeckt haben. Also gelten die Regeln nicht für sie.

Geschlechtskrankheiten allerdings leider sehr wohl.

Die Tabelle unten zeigt, wie vielen Geschlechtspartnern ein Mensch (X) ausgesetzt sein kann, wenn jeder Partner dieselbe Anzahl an Sexualpartnern gehabt hat.[46] Mit jedem neuen Partner steigt das Risiko einer Ansteckung mit einer Geschlechtskrankheit exponentiell an:

Anzahl der Partner von X	Anzahl der Sexualpartner, bei denen sich X anstecken kann.
1	1
2	3
3	7
4	15
5	31
6	63
7	127
8	255
9	511
10	1023
11	2047
12	4095

Allerdings darf eine relativ geringe Anzahl an Sexualpartnern keine falsche Sicherheit erzeugen. Bei *einem einzigen* ungeschützten Geschlechtsverkehr mit einem infizierten Partner liegt für ein Mädchen das Ansteckungsrisiko bei 1 Prozent mit HIV, bei 30 Prozent mit Genitalherpes und bei 50 Prozent mit Gonorrhöe.[47]

Leider reicht es nicht, unsere Kinder an körperlichen Kontakten vorbeizulotsen. Wir müssen ihnen auch helfen, ihren Weg durch den Cyberspace zu finden!

Sex nach Cyberart

Würden Sie in Ihrem Haus Pornografie dulden? Würden Sie Ihrem Sohn erlauben, Pornohefte offen im Wohnzimmer herumliegen zu lassen?

„Natürlich nicht", sagen jetzt bestimmt die meisten.

Wissen Sie was: Sie haben die Pornografie bereits im Haus.

Schalten Sie den Computer ein und geben Sie ein paar „unschuldig" klingende Wörter in eine beliebige Suchmaschine ein. Zu meiner Zeit musste sich ein Junge noch ganz schön anstrengen, um an pornografisches Material zu kommen. Heute kommt es frei Haus.

Zu den Gefahren für junge Mädchen gehört nach einer Studie, dass eine von fünf Jugendlichen, die sich regelmäßig im Internet aufhalten, auf einen Unbekannten stößt, der „Cybersex" wollte.[48] Die gute Nachricht ist, dass 75 Prozent dieser Jugendlichen diesen Avancen eine Abfuhr erteilten. Doch Eltern müssen sich darüber im Klaren sein, was ihren Kindern begegnen könnte, wenn sie sich in „Chatrooms" aufhalten und im Internet surfen.

Wenn sich Ihre Teenager in diesem Netz verfangen, könnte das ihre berufliche Laufbahn ruinieren. Manchmal muss ich auch Paaren aus dieser problematischen Sucht helfen. Jens hatte sich ein erfolgreiches Unternehmen aufgebaut, das schon seit zwei Jahren Gewinn abwarf und für die nächsten drei Jahre steigenden Gewinn zu erwarten hatte. Stellen Sie sich vor, wie verblüfft seine Frau war, dass das Unternehmen – und ihr Einkommen – ein paar Jahre später um fast 75 Prozent fiel.

> *Eltern müssen sich darüber im Klaren sein, was ihren Kindern auf Internetseiten und in „Chatrooms" begegnen kann.*

Es stellte sich heraus, dass Jens *bis zu acht Stunden täglich* auf pornografischen Webseiten herumsurfte. Er verlor jegliche Disziplin und sein Unternehmen ging den Bach hinunter. Er machte nur noch das Allerwichtigste und suchte ansonsten nach immer weiteren Bildern solch wohlgeformter Frauen.

Cybersexsucht ist ein wachsendes Problem, mit dem sich Eltern heranwachsender Kinder vertraut machen müssen, denn diese Abhängigkeiten beginnen häufig im Jugendalter. Heute gibt es ein Zentrum für Onlinesucht, das sich auf die Behandlung von Menschen mit genau dieser Sucht spezialisiert hat.[49]

Früher war das Betreten eines Sexshops mit einem Stigma (und einer Altersbeschränkung) belegt. Die scheinbare Anonymität des Internet hat eine riesige psychologische Barriere entfernt und Unmengen neuer Cybersexsüchtiger hervorgebracht.

In ihrem Buch *Caught in the Net. Suchtgefahr Internet* beschreibt Dr. Kimberly Young einige Warnzeichen, die auf eine Cybersexsucht hinweisen könnten.[50]

Veränderungen im Schlafverhalten. Eine Sucht ist ein Zustand, der gekennzeichnet ist von einem Verlust an Kontrolle. Schlaf ist niemals so verlockend wie einer Sucht nachzugehen. Daher bleibt ein Cybersexsüchtiger gerne bis spät nachts auf und surft im Internet. Ich rate dazu, Kindern und Jugendlichen keinen unbegrenzten Zugang zum Internet zu gewähren. Lassen Sie den Familiencomputer an einem Platz stehen, der einsehbar ist und der nicht zu Heimlichtuerei ermuntert.

Bedürfnis nach Alleinsein. Wenn Ihre heranwachsenden Kinder plötzlich defensiv werden oder schnell den Bildschirm ausschalten, wenn Sie ins Zimmer kommen, schauen sie sich vielleicht etwas an, von dem Sie nichts wissen sollen. Für Sportergebnisse muss man sich nicht schämen. Und Ihre Teenager werden sich wohl kaum aufregen, wenn Sie sie mit einem botanischen Aufsatz erwischen. Reagieren Ihre Kinder mit übertriebener Abwehr, wenn Sie ihnen am Computer über die Schulter schauen, haben Sie allen Grund, misstrauisch zu sein.

Cybersex: Glauben Sie nicht, nur Jungen wären gefährdet.

Und glauben Sie bloß nicht, nur Jungen wären hier gefährdet. Jüngst zeigte sich eine Frau besorgt, dass sich ihre zwölfjährige Nichte über ihren Computer pornografische Webseiten beschaffte. Die Frau hatte gemeint, das

Mädchen wolle nur harmlose Spiele spielen. Also hatte sie sie unbeobachtet gelassen. Als die Frau sich jedoch das nächste Mal einloggte, sah sie im Verlauf die Seiten, die ihre Nichte besucht hatte – und war entsetzt.

Am traurigsten ist ein Fall, der heutzutage nicht mehr unüblich ist: Ein übergewichtiges sechzehnjähriges Mädchen entdeckte online einen Seelenverwandten und lief von zu Hause fort, um sich mit ihm zu treffen. Während Jungen zu unmittelbarer Befriedigung hin streben (was zur Masturbation führen kann), lassen sich Mädchen häufig auf Beziehungen ein, die absolut ungeeignet sein können. Sie sollten wissen, was Ihre Kinder online treiben – welche Seiten sie besuchen und mit wem sie „chatten".

> *Sie sollten wissen, was Ihre Kinder online treiben – welche Seiten sie besuchen und mit wem sie „chatten".*

Zu guter Letzt sollten Sie Computer mit Internetmodems nicht im Kinderzimmer lassen! Ein internetfähiger Computer sollte einen Platz bekommen, an dem der Nutzer nicht allein ist.

Andere Pflichten werden vernachlässigt. Gehen die Noten Ihrer Kinder im Sturzflug nach unten? Erledigen sie ihre häuslichen Pflichten nicht? Wachen sie morgens immer später auf und verpassen frühere Lieblingsaktivitäten wie Basketballtraining oder Eislaufen? Zu einem solchen Verhalten mögen zwar viele Faktoren beitragen, aber seien Sie sich bewusst, dass sie auch Hinweise auf etwas anderes sein können, das sie jetzt gefangen nimmt – Cybersex.

Offensichtliches Lügen. Sucht zieht immer Lügen nach sich, da etwas verheimlicht werden muss. Und aus der Täuschung wird irgendwann unweigerlich ein Lebensstil. Erstens lügen Cybersexsüchtige über das, was sie suchen. Zweitens versuchen sie abzustreiten, was klar auf der Hand liegt. Sie behaupten, sie schrieben einen Bericht über Pornografie und hätten darum die Seite der „Heißen Häschen" besuchen müssen.

Auch Geld kommt hier ins Spiel. Viele Pornoseiten verlangen Kreditkarten, doch viele Gesellschaften verschleiern die Gebühren hinter einem harmlos klingenden Namen: „Franklin Entertainment" oder „CSS On-line Services".[51] Wenn Ihnen die Namen der Gesellschaften nicht vertraut sind, erkundigen Sie sich danach.

Veränderungen der Persönlichkeit. Kimberly Young merkt an, wie häufig Menschen über das Ausmaß von Stimmungs- und Verhaltensänderungen von Cybersexsüchtigen staunen, wenn das Internet sie erst einmal in seinem Bann hat. Ein früher warmherziger, mitfühlender Mensch kann kühl und in sich gekehrt werden. Oder aus dem einst unbekümmerten Menschen kann ein ruhiger, grüblerischer werden.

Natürlich sind Veränderungen der Persönlichkeit in der Adoleszenz bis zu einem gewissen Grad normal. Aber wenn Sie einige der hier angeführten Kennzeichen wahrnehmen, sollten Sie dem unbedingt auf die Spur gehen.

Weniger Interesse an der Familie. Auch hier müssen wir wieder vorsichtig sein, denn Heranwachsende flüchten notorisch vor Familienaktivitäten und hängen lieber mit Gleichaltrigen ab. Doch behalten Sie im Hinterkopf, dass jede Sucht Unmengen von Zeit, Geld und emotionaler Energie verschlingen kann. Alles andere muss zurückstehen, um den Bedürfnissen der stetig wachsenden Sucht gerecht zu werden. Wenn Teenager, die sich bislang sehr in die Familie eingebracht haben, sauer werden, wenn etwas Gemeinsames ansteht, sollten Sie nach den Gründen forschen.

Um der wachsenden Bedrohung durch Internetpornografie entgegenzuwirken, informieren Sie sich über mögliche Filter, die Seiten mit unerwünschtem Inhalt vor dem Zugriff Ihrer Kinder sperren. Viele Software-Programme bieten diese Leistung. Wenn Sie eins auswählen, stellen Sie sicher, dass Sie sich mit dem Programm besser auskennen als Ihre Kinder!

Zusammenleben

Nach einer jüngsten Studie können Paare, die vor der Heirat zusammenleben, bei Problemen schlechter miteinander kommunizieren als die, die vorher nicht zusammenziehen. Catherine Cohan, Mitautorin der Studie, meint: Lebensgefährten „haben vielleicht weniger in die Beziehung investiert, wodurch sie nicht versuchen, ihre Fähigkeiten zu entwickeln".[52]

Ohne die Bindung einer Ehe erziehen sich Paare selber dazu, vor Beziehungsproblemen „davonzulaufen", anstatt an einer Lösung zu arbeiten.

So belegt denn auch die Forschung, dass außereheliche Lebensgemeinschaften die Erfolgsaussichten einer Ehe *zerstören* anstatt umgekehrt. Die Wissenschaftler David Popenoe und Barbara Dafoe Whitehead weisen darauf hin, dass nur ein Sechstel aller Lebensgemeinschaften drei Jahre halten und nur ein Zehntel fünf Jahre oder länger.[53] Schlimmer noch: Jede dieser zerbrochenen Partnerschaften schwächt die Menschen im Hinblick auf eine lebenslange, erfüllende Ehe. Anstatt die Paare auf die Ehe vorzubereiten, werden sie auf den Abbruch der Beziehung vorbereitet. Ohne die Bindung einer Ehe erziehen sich Paare selber dazu, vor Beziehungsproblemen „davonzulaufen", anstatt an einer Lösung zu arbeiten.

Auch wenn sich das jetzt sehr altmodisch anhört: Ich muss einfach hervorheben, dass das vor allem für Frauen gilt. Ich weiß, heutzutage sollten wir keine Unterschiede zwischen Männern und Frauen mehr sehen. Doch das könnte nur einer glauben, der noch nie mehr als zwei Menschen beraten hat. In meinen Beratungen staune ich immer wieder, wie leicht Männer das „Körperliche" vom „Gefühlsmäßigen" trennen können. Beispielsweise erklärten mir Männer – ohne jeglichen Anflug von Ironie oder dem Bewusstsein der Absurdität ihrer Aussage –, dass sie immer „gute Ehemänner" waren und im

Verlauf ihrer Ehe höchstens fünf-, sechs- oder achtmal fremd-
gegangen sind! Warum auch immer: Männer scheinen eher in
der Lage, zwischen körperlicher Beziehung und emotionaler
Beziehung unterscheiden zu können als Frauen. Bleibt die Tatsache, dass Frauen eher als Männer die Narben einer ge-
scheiterten Beziehung davontragen.

Manche Frauen tragen ihr Leben lang Schuldgefühle mit
sich herum, weil sie eine voreheliche Beziehung hatten. Selbst
solche, die ihre „Lebensweise" intellektuell verarbeiten können
und augenscheinlich die Werte und religiöse Erziehung ihrer
Eltern zurückweisen, schütteln Schuldgefühle nicht ganz ab.
Die Schuldgefühle bleiben häufig auch dann noch bestehen,
wenn die Frau den Mann heiratet, mit dem sie zusammenlebt.

Sollte mein neunzehnjähriges Kind – Tochter oder Sohn –
unbedingt mit dem Freund oder der Freundin zusammenleben wollen, würde ich unverzüglich alle Zahlungen einstellen. Wenn er oder sie alt genug ist, eine solche Entscheidung zu treffen, ist er oder sie auch alt genug, für sich selber
zu sorgen.

Ja, ich kann sie nicht hindern, zusammenzuleben. Ich würde
ihnen sagen, dass ich enttäuscht bin und dass sie einen großen
Fehler machen. Dann würde ich sie den Preis dafür zahlen
lassen. Und das war's dann aber auch. Gesetzlich betrachtet
sind sie volljährig.

Ist das denn wirklich so wichtig?

Manche Leser stimmen mir vielleicht in fast allem zu, was ich
hier schreibe. Andere denken sicher schon seit einer Weile,
dass ich das mit dem Sex vor der Ehe nun wirklich viel zu ernst
nehme. Ist es wirklich wichtig, ob wir unseren Kindern vermitteln, dass sexuelles Experimentieren ihnen mehr schadet als
sie beglückt?

Bevor Sie meine Gedanken als altmodisch abtun, möchte ich einem früheren Klienten von mir zu Wort kommen lassen, der hofft, dass seine Erfahrungen anderen weiterhelfen.

„Ich hätte mir nie träumen lassen, dass ich einmal über Sex vor der Ehe rede. Als ich noch zur Schule ging, waren Sex, Alkohol und Drogen einfach angesagt. Man war nicht cool, wenn man kein Mädchen aufs Kreuz legte. Es war mir ja so peinlich, wenn ich zugeben musste, dass ich mit dem Mädchen, mit dem ich gerade ging, noch nicht im Bett war. Das war einfach nicht cool. Erst als ich etwas erwachsener war, bekam ich heraus, wie negativ sich vorehelicher Sex auswirken kann. Besonders für die Frau. Ich sage es nicht gern und ich will auch nicht voreingenommen klingen, aber ich wiederhole: besonders für die Frau.

Eine gute Freundin erzählte mir einmal, wie verliebt sie und ihr Freund waren. Sie wussten, dass sie füreinander bestimmt waren. Sie gingen miteinander ins Bett. Die Frau sagte, sie habe ihm buchstäblich alles gegeben. Aber sobald diese Freundschaft intim wurde, entstand ein enormer Druck. Statt sich einfach zu treffen, den Tag miteinander zu verbringen, ins Kino zu gehen und das Zusammensein zu genießen, kamen die beiden zusammen, hatten Sex – und gingen wieder. Sie trafen sich sozusagen nur, um die Bedürfnisse zu befriedigen.

Jedenfalls fanden die beiden nach ein paar Monaten heraus, dass sie doch nicht füreinander bestimmt sind und lieber nicht heiraten sollten. Meine Freundin sagte, sie sei morgens aufgewacht und habe Blut gekotzt, weil sie sich so übel fühlte. Sie hatte sich jemandem hingegeben, der sich schließlich als der Falsche herausstellte. Was sie verloren hatte, würde sie nie zurückbekommen. Es ist, wie wenn man jemandem eine Million schenkt und später merkt, dass es der Falsche ist – das Geld ist weg. Futsch. Und der es hätte bekommen sollen, wird es nun niemals haben.

Seit einiger Zeit treffe ich mich mit einer Frau, die ich bereits vor ein paar Jahren kennen lernte. Was ich damals an ihr bewunderte, ja wirklich mochte und respektierte war, dass sie sich nicht mit jedem einließ. Selbst als ich noch mit Drogen und Alkohol herummachte, hatte ich ein hohes Idealbild von einer Frau. Und diese Frau entsprach genau diesem Bild, weil sie sich nicht auf Männer einließ. Als ich dann meinen Lebensstil geändert hatte, trat diese Frau wieder in mein Leben. Wir gingen aus, redeten und verbrachten viel Zeit miteinander. Es war richtig schön. Sie war liebenswert wie eh und je.

Dann eines Abends, als wir essen waren, erzählte sie mir von einem anderen Mann. Sie hatte vorgehabt, ihn zu heiraten und schon zwei Jahre während ihres Studiums mit ihm zusammengelebt. Ich kann gar nicht sagen, wie das bei mir ankam. Das war wie ein Schlag ins Gesicht. Diese Frau hier hatte ich für so etwas Besonderes gehalten, ich hatte so eine hohe Meinung von ihr – und dann sagt sie mir, sie hat mit einem anderen zusammengelebt. Aus irgendeinem Grund kam mir das nicht richtig vor. Ich hatte gehofft, dass die Frau, in die ich mich verlieben und die ich heiraten würde, ihre tiefsten Geheimnisse, ihre Gefühle und ihre Lebensanschauung nur mit mir teilen würde. Ich glaube, wenn man immer wieder mit anderen Menschen im Bett liegt, kann man nur schwer beurteilen, wer etwas Besonderes ist und wer nicht. Verstehen Sie mich nicht falsch: Sie hatte nicht mit vielen Männern Sex. Aber wenn man zwei Jahre lang mit einem Typen zusammenlebt, kann schon viel passieren.

Irgendwann habe ich erkannt, dass ich den Mädchen, mit denen ich an der High School Sex gehabt hatte, viel von diesem Besonderen genommen habe. Das hat mich echt getroffen. Viele dieser jungen Frauen werden den Gedanken nicht loswerden können, dass sie unsere Erfahrungen mit dem Mann teilen werden, in den sie sich einmal verlieben. Ich kann mir vorstellen, wie sich diese Männer fühlen werden. Ich habe mich einmal so gefühlt, doch ich habe es zehnmal verursacht."

Ich kann dem nur wenig hinzufügen. Vorehelicher Sex verändert die Menschen. Er macht sie härter, verletzlicher und nimmt ihnen etwas von der Fähigkeit, im Hinblick auf eine

Ehe eine kluge Entscheidung zu treffen. Wenn Ihre Teenager vorehelichen Sex haben, werden sie für den Partner weniger attraktiv, der einen festen Charakter hat und für den Treue in einer Beziehung etwas bedeutet.

Helfen Sie, eigene Normen festzulegen

So sehr uns Eltern der Gedanke zuwider sein mag, dass unsere Kinder sexuell aktiv sein könnten: Wenn sie Sex haben wollen, können sie es – und werden es. Jugendliche lassen sich nicht vierundzwanzig Stunden am Tag überwachen. Sie können uns anlügen, wohin sie gehen. Sie können Abkürzungen nehmen und ihre Freundinnen oder Freunde auf dem Heimweg treffen. Zwei Teenager können beliebig viele Möglichkeiten finden, sich alleine zu treffen.

Das will sagen: Sie müssen Ihren Kindern unbedingt helfen, Normen und Regeln für sich selbst aufzustellen. Es ist hilfreich, von Anfang an einzuräumen, dass diese Normen von Ihren eigenen abweichen können. Ich weiß, das hört sich für viele von Ihnen gefährlich an. Aber wenn Heranwachsende allein sind und in den Armen der großen Liebe liegen, dann zählen ganz allein ihre eigenen Normen.

Sie müssen Ihren Kindern unbedingt helfen, ihre eigenen Normen aufzustellen.

Wenn Sie das richtig in Angriff nehmen, stellen Sie häufig fest, dass die Normen Ihrer Teenager ganz ähnlich sind wie die Ihrigen. Und wenn Ihre heranwachsenden Kinder diese Normen als für sich selbst gültig definieren, werden sie sich auch viel eher daran halten.

In Kapitel 10 haben Sie gesehen, wie Sie Ihre Kinder veranlassen können, sich selbst Gedanken darüber zu machen, wie weit sie in einer Freundschaft oder bei einem Date gehen wollen und wie weit nicht. Sprechen Sie über die Vorstellungen Ihres Teenagers mit ihm. Unterstützen Sie ihn mit

Hinweisen, die ihm helfen können, seinen eigenen Normen treu zu bleiben. Machen Sie auch deutlich, dass Sie Ihrem Sohn, Ihrer Tochter vertrauen und stolz sind, dass er oder sie klare Vorstellungen entwickelt hat, wie eine Freundschaft in diesem Alter aussehen sollte.

Doch was ist, wenn Sie das bislang nicht gemacht haben? Ist es jetzt zu spät dafür?

Wenn Sie bislang noch keine Richtlinien für den Umgang mit Sexualität durchdiskutiert haben, sollten Sie sich bei Ihren Teenagern dafür entschuldigen und gleich damit anfangen. Besser spät als nie. Vielleicht gehen Sie zur Erinnerung noch einmal zurück zu Kapitel 10 und 11 und nutzen sie als Sprungbrett für weitere Diskussionen.

Damit will ich nicht sagen, dass Sexualmoral relativ ist. Ganz gewiss gibt es absolute Werte. Und wenn Sie nach einer Glaubenstradition leben, halte ich es für wichtig, Ihre Kinder anzuhalten, nach diesen Glaubenssätzen zu leben. Juden, Christen und Moslems stimmen darin überein, dass Sex in die Ehe gehört.

> *Ganz gewiss gibt es absolute Werte. Aber welche davon Ihre Kinder für sich übernehmen, das ist Sache ihrer eigenen Entscheidung.*

Doch was ich damit sagen will ist: Die Zeit kommt, in der Ihre Kinder für sich selbst entscheiden, ob sie Ihren Glauben und die damit verbundenen Sexualnormen übernehmen. Letztendlich muss jeder von uns entscheiden, was wir mit unserem Körper tun wollen und was nicht. Ich möchte, dass Sie Ihren Kindern helfen, eine bewusste Entscheidung zu treffen, anstatt eine Anschauung zu übernehmen, *nachdem* die Leidenschaft schon mit ihnen durchgegangen ist.

Ihre Kinder müssen eins wissen: Wenn sie erst einmal für sich selbst einen Verhaltenskodex aufgestellt haben, werden sie sich schuldig fühlen, wenn sie dagegen verstoßen. Ebenso werden sie stolz auf sich sein, wenn sie den eigenen Maßstäben treu geblieben sind. Erwähnen Sie auch, dass es Zeiten geben wird, in denen sie sich wünschten „nachzugeben". Sie werden versucht werden, und diese Versuchungen sind ganz natürlich. Doch die Frage lautet: „Wirst du zulassen, dass deine Gefühle dein Verhalten bestimmen, oder wirst du lernen, deine Gefühle bewusst zu steuern?"

Es nützt Ihren Kindern nichts, wenn Sie ihnen weismachen, das sei „einfach". Das ist es gewiss nicht. Ich wiederhole, ich habe mit dem Sex bis zur Hochzeit gewartet. Doch das war alles andere als einfach. Ich konnte es kaum abwarten, Sex zu haben, und das wird bei meinen Kindern wohl auch nicht anders sein. Und doch: Dieses Ideal ist es wert, angestrebt zu werden. So erhalten sie den besten Start ins Leben und die größte Chance für ein erfülltes Liebesleben in der Ehe.

Zur Erinnerung:

▸ Masturbation gehört ganz normal zur geschlechtlichen Entwicklung.

▸ Wir können nicht erwarten, dass unsere Kinder nicht sexuell herumexperimentieren, wenn wir sie sich selbst überlassen. Gerade jetzt brauchen sie Eltern, die sich – liebevoll – einmischen.

▸ Promiskuität erhöht das Risiko für Heranwachsende, sich mit Geschlechtskrankheiten anzustecken.

▸ Stellen Sie den Computer mit Internetzugang an einen viel frequentierten Platz in Ihrem Haus, wo Heimlichtuerei erschwert wird.

▸ Verwenden Sie einen Filter, der den Zugang zu pornografischen Webseiten abblockt.

▸ Voreheliches Zusammenleben *verringert* die Aussichten auf eine erfolgreiche Ehe; es vergrößert sie nicht.

▸ Helfen Sie Ihren Kindern, selbst Verhaltensregeln für ihre Beziehungen aufzustellen.

14
Teenager mit besonderen Problemen

Selbst wenn Sie gute Eltern sind, kann es sein, dass sich Ihre Kinder etwas anders entwickeln, als Sie es sich erhofft haben. Sie können alles richtig machen und doch am Ende Kinder haben, die sich in ernsthafte Probleme verstricken. Gott hat nämlich jeden von uns anders gemacht und Kindern dieselbe Wahlmöglichkeit verliehen wie uns Erwachsenen. Obwohl sie in einer stabilen Familie gut erzogen wurden, entscheiden sich manche Jugendliche doch für ihren eigenen Weg.

Leider zahlen nicht nur sie selber den Preis, sondern andere in ihrer Umgebung werden auch gezwungen, für ihre Entscheidungen zu zahlen. Kleinkinder können uns den Schlaf rauben; Jugendliche können im Gefängnis landen. Das Potenzial für echte Probleme steigt mit Eintreten in die Pubertät exponentiell an.

Lassen Sie uns einige der häufiger vorkommenden Abwege betrachten, auf die Teenager geraten können.

Essstörungen

Jim und Sharon traf es vollkommen überraschend.

Ihr erster Fehler war, dass sie so einen vollen Terminkalender hatten, dass sie nicht mitbekamen, wie sich das Leben ihrer Tochter Anni abspielte. Sie aßen so selten als Familie zusammen, dass sie nicht merkten, wie wenig Anni aß – manchmal nicht mehr als eine Möhre und ein Blatt Salat. Wenn sie dann sagte, sie habe „schon gegessen", nahmen sie sie beim Wort. Sie sagte so häufig, dass sie „später, bei einer Freundin" essen werde, dass es Jim und Sharon niemals in den Sinn kam, dass ihre Sechzehnjährige aus eigenem Antrieb langsam verhungerte.

Die ganze Tortur begann aus einem völlig nichtigen Grund. Teenager können grausam sein. Einmal glaubte Anni im Sportunterricht, jemanden tuscheln zu hören, ihre Beine sehen von hinten aus wie „Hüttenkäse".

Diese Worte waren der Auslöser, der Anni langsam in die Fänge der Magersucht trieb: Anorexia nervosa, einer Essstörung, die – wenn sie nicht erkannt und behandelt wird – schließlich tödlich verlaufen kann.

In einer Welt, in der viele wie besessen auf die äußere Erscheinung achten, müssen Eltern von Jugendlichen sehr sensibel auf Symptome von Essstörungen achten. Zur Anorexia nervosa gehört es, ständig auf Diät zu leben oder nicht ausreichend zu essen. Dadurch liegt das Gewicht der Betroffenen schließlich 15 Prozent oder mehr unter dem Normalgewicht. Selbst wenn die Betroffenen schon erschreckend dürr aussehen, hungern sie womöglich weiter.

Eine weitere Störung ist die Bulimie. Die Betroffenen haben regelrechte „Fressattacken" – sie verputzen vielleicht 2 Liter Eiskrem oder ein halbes Dutzend Berliner – und bringen dann gleich alles wieder heraus, indem sie Erbrechen hervorrufen, um die Kalorien loszuwerden. Manche Teens greifen auch übermäßig zu Abführmitteln, anstatt zu erbrechen.

Beide Essstörungen wirken sich verheerend auf den sich entwickelnden Körper aus. Sie wirbeln den Hormonhaushalt der jungen Mädchen durcheinander, bringen den Menstruationszyklus zum Erliegen und greifen das Herz so an, dass der Tod eintreten kann. Diese Essstörungen haben erschreckende Ausmaße angenommen.

Knapp zwei Drittel aller weiblichen Jugendlichen bis zum 18. Lebensjahr haben nach Angaben der Ärztekammer Niedersachsen mindestens einmal eine Diät zur Gewichtsreduzierung gemacht. Nach diesen Angaben leiden allein in Deutschland mindestens 220.000 Menschen im Alter von 15 bis 24 Jahren an Magersucht (Anorexie) oder Ess-Brech-sucht (Bulimie).

Das Thema, das sich bei Magersüchtigen beobachten lässt, lautet Perfektionismus. Über 90 Prozent aller Magersüchtigen sind junge Frauen. Man muss nicht groß nachdenken: Das ständige Bombardement durch Models, die in Zeitschriftenanzeigen und überhaupt in den Medien „dünn ist schön" propagieren, hat die unrealistischen Erwartungen junger Frauen an den perfekten Körper vergrößert.

Worauf sollten Sie bei Ihren Teenagern achten?

Ein plötzlicher Wandel der Kleiderordnung – insbesondere hin zum „Schlabberlook" – kann Gewichtsverlust oder -zunahme verbergen. Wenn Sie nach dem Abendessen einen ständigen und häufigen Rückzug ins Bad bemerken, finden Sie heraus, was sich hinter verschlossenen Türen abspielt. In diesem Fall (aber nur in diesem!) ist Lauschen angebracht!

Ausgiebiges und zwanghaftes Sporttreiben sind ein weiteres Warnsignal. Als ein Musikkritiker das Gewicht der Sängerin Karen Carpenter erwähnte, fing sie an, praktisch auf dem Heimtrainer zu leben, um Pfunde zu verlieren. Ihr Streben nach dem perfekten Gewicht kostete die junge Sängerin schließlich das Leben.

Teenager mit Essproblemen können auch beim Essen besondere Anzeichen entwickeln. Entweder zerschneiden sie ihr Essen in kleinste Bissen, oder sie schieben es auf dem Teller umher, ohne eigentlich etwas zu essen. Sie stecken beispielsweise die Gabel in die Kartoffel, führen sie jedoch praktisch leer wieder zum Mund. Das ist kein normales Verhalten. Wenn Sie also so etwas an Ihren Kindern beobachten, holen Sie sich professionelle Hilfe. Je länger jemand an einer Essstörung leidet, desto schwieriger wird es, sie zu überwinden.

Vicki Harvey empfiehlt: „Wenn sie über ihre Ängste reden, dass sie zu dick sind, streiten Sie nicht mit ihnen. Und führen Sie keine Diskussion darüber, was sie ihrem Körper antun. Alle Fakten dieser Welt haben nichts zu sagen, denn ihre Selbst-

wahrnehmung verdreht die Wahrheit. Bedenken Sie, eine Essstörung ist ein Symptom dafür, dass jemand sich selbst ganz
schrecklich findet und kaum die Kontrolle über sein oder ihr
Leben hat. Sie meinen, nichts, was sie tun, ist gut genug. Also
nehmen sie Zuflucht zu der Idee, wenn sie wirklich dünn
werden, haben sie wenigstens irgendwo etwas zustande gebracht."[54]

Wenn Sie nicht mit Ihren Kindern streiten sollen, was
können Sie dann tun? Gehen Sie mit ihnen zu einer
Beratungsstelle. Sie werden professionelle Hilfe brauchen.
Harvey betont: „Essstörungen wachsen sich nicht von selber
aus. Sie sind komplex und tief verwurzelt und mit zutiefst
schmerzhaften Gefühlen verknüpft."[55]

Weigert sich Ihr Kind, mit Ihnen zur Beratung zu gehen,
dann lassen Sie sich von einem Spezialisten beraten, wie Sie Ihr
Kind dazu bewegen können, ihn ebenfalls aufzusuchen.

In diesem wie in allen Bereichen ist elterliches Vorbild ausschlaggebend. Harvey schreibt, dass fürsorgliche Eltern le-
bende Vorbilder für ihre problembeladenen Kinder werden
müssen. „Meiden Sie Diäten und übertriebene Sorge um Gewicht und Ernährung. Seien Sie körperlich aktiv und strahlen
Sie Lebensfreude aus. Versuchen Sie einzuschätzen, wie sehr
Sie geneigt sind, andere nach ihrer Leistung zu bewerten.
Zeigen Sie Ihrem Kind, dass es Ihnen als Mensch, nicht wegen
seiner oder ihrer Leistungen wichtig ist. Zeigen Sie, dass auch
Sie zornig, frustriert, ängstlich und unzulänglich sein können.
Sprechen Sie über Ihre Gefühle und Ihre emotionalen wie
geistlichen Bedürfnisse. Leben Sie vor, wie man damit verant-
wortlich umgeht."[56]

Harvey empfiehlt Ihnen genau das, was ich Ihnen an anderer
Stelle in diesem Buch bereits vorgeschlagen habe. Seien Sie Sie
selber, bringen Sie sich ein, seien Sie da und seien Sie aktiv. So
können Sie praktisch jeder Herausforderung ins Auge schauen,
die Ihren Kindern begegnet.

Selbstmord

„Im Herbst der vierten Klasse beschloss ich, mich umzubringen."

So beginnt die Geschichte von Pastor David Murphy.[57]

„Eines Sonntagnachmittags schlich ich mich mit einem Fleischmesser aus der Küchenschublade neben der Spüle die klapprige Holztreppe zum Keller hinunter.

Es war ein altmodischer, nicht ausgebauter Keller mit einem Wasserabfluss mitten im Fußboden; Spinnweben schmückten die groben, bejahrten Balken oben. Die vertrauten Gerüche von feuchter Erde und Beton beruhigten mich. Niemand sonst außer mir ging jemals hierher.

Seien Sie Sie selber, bringen Sie sich ein, seien Sie da und seien Sie aktiv. So können Sie praktisch jeder Herausforderung ins Auge schauen, die Ihren Kindern begegnet.

Im gelblichen Licht einer staubigen Birne, die von der Decke hing, zog ich mein T-Shirt hoch und studierte meine Anatomie. Dann setzte ich die Messerspitze auf der linken Seite genau unter den Rippen an und drückte es langsam in das weiche Fleisch.

Von plötzlichen Zweifeln geplagt korrigierte ich den Ansatzwinkel. Das war wichtig. Wenn der Winkel verkehrt wäre, würde das Messer nicht das Herz treffen. Ich wäre verwundet, was sich nicht verbergen ließe, aber nicht tot. Ich hatte keine Angst zu sterben, doch ich hatte Panik davor, dass der Versuch fehlschlagen könnte. Dann käme gewiss der unglaubliche Zorn meiner Eltern über mich.

Ich war unschlüssig und verunsichert: Mein ganzes Wissen hatte ich aus einem Menschenmodell bezogen, das ich einmal zum Geburtstag geschenkt bekommen hatte. Es war ungefähr 30 Zentimeter hoch; die Körperteile aus Plastik ließen sich herausnehmen und wieder einsetzen. Ich versuchte, von dem kleinen Plastikherzen des Modells auf mein eigenes Herz zu schließen und damit auf die genaue Stoßrichtung des Messers. Ich konnte nur raten und wusste das auch. Ich konnte mich nicht überwinden, einer Vermutung zu trauen. Ich ließ das Messer sinken, ging wieder nach oben und weinte."

Die Worte, die einen am meisten frösteln lassen, kommen erst noch. Nach seinem quälenden Bericht fügt Murphy hinzu: „Niemand hat je davon erfahren."

Stellen Sie sich vor, Ihre Teenager haben die Nase so voll vom Leben, dass sie es beenden wollen. Sie haben auch schon einen Plan und fangen an, ihn auszuführen. Sie setzen ein Messer an und bohren es fast in ihre Haut. Dann nehmen sie das Messer wieder weg *und erzählen nie jemandem davon*.

Leider passiert das viel häufiger, als Sie sich das vorstellen können. Schlimmer noch: Viele Jugendliche führen ihre Versuche auch aus.

Selbstmord ist in den USA die dritthäufigste Ursache für den Tod von Teenagern. Die Selbstmordrate der Fünfzehn- bis Neunzehnjährigen ist sechsmal so hoch wie die der Zehn- bis Vierzehnjährigen. In der älteren Gruppe *begehen* viermal so viele Jungen wie Mädchen tatsächlich Selbstmord, während Mädchen doppelt so häufig Selbstmord *versuchen*.[58]

Für Deutschland stellt sich die Situation folgendermaßen dar: „Der Suizid ist nach dem Unfalltod die zweithäufigste Todesursache in der Altersschicht bis 20 Jahre. In Deutschland sterben zur Zeit täglich drei Kinder und Jugendliche durch Suizid. Weitere 40 Kinder versuchen jeden Tag sich das Leben zu nehmen. Die Anzahl der jugendlichen Selbstmorde ist in Großstädten doppelt so hoch wie auf dem Lande … Sehr interessant ist aber auch, dass sich Mädchen dreimal so oft das Leben nehmen wollen wie Jungen. Dagegen führen bei Jungen die Suizidversuche dreimal öfter zum Tode als beim weiblichen Geschlecht. Gründe dafür liegen in der Art des Suizidversuches. Denn Jungen wählen die harte Methode des Suizids, wie z. B. verbrennen, erhängen oder erschießen. Die Selbstmordgefahr ist bei Schülern höher als bei Jugendlichen, die sich bereits in der Berufsausbildung befinden."[59]

Beim Rückblick auf seine Selbstmordversuche merkt Murphy an: „Es ist schon erstaunlich, wie belanglos die Gründe waren, aus denen ich mich beinahe umgebracht hätte: Annettes Zurückweisung; nicht an einem Basketball-spiel teilnehmen zu dürfen; aus der Schule zu fliegen; eine Zeit lang unbeliebt zu sein."

„Belanglose" Begebenheiten wie diese nehmen im Denken von Jugendlichen einen großen Raum ein und führen viele zu einer verzweifelten „Lösung". Zu den signifikantesten Warnsignalen eines möglichen Selbstmordversuchs gehört eine längere, meist versteckte Depression.

Was sind die Anzeichen für eine versteckte Depression?

Depressive Kinder sind traurig, sie verlieren das Interesse an Aktivitäten, an denen sie eigentlich Freude haben, sie sind übermäßig selbstkritisch und haben das Gefühl, dass andere ihnen kritisch gegenüberstehen. Sie fühlen sich ungeliebt, sind pessimistisch, sehen die Zukunft in düsteren Farben und fragen sich, ob das Leben überhaupt lebenswert ist. Gedanken an Selbstmord können auftreten. Depressive Kinder und Jugend-liche sind häufig reizbar und diese Reizbarkeit kann zu ag-gressivem Verhalten führen. Sie sind unentschlossen, können sich schlecht konzentrieren und es fehlt ihnen häufig an Ener-gie oder Motivation. Manche vernachlässigen ihr Äußeres und sie haben häufig einen gestörten Schlafrhythmus.

Kinder und Jugendliche, die an Depressionen oder depres-siven Verstimmungen leiden, sind besonders gefährdet, Suizid zu begehen.

Weitere Hinweise auf eine mögliche Selbstmordgefährdung sind so genannte „Angstsymptome", die häufig eine Depres-sion begleiten: Trennungsängste, ein Zurückweichen vor Be-gegnungen mit anderen, Rückzug sowie körperliche Symptome wie Kopfschmerzen, Bauchschmerzen und andere unspezifische Schmerzen.

Forscher vermuten den Grund dafür, dass Mädchen häufiger Selbstmordversuche unternehmen als Jungen, in ihrer ausgeprägteren sozialen Orientierung. Mädchen sind stärker angewiesen auf ein positives soziales Umfeld und verwundbarer durch den Verlust von Beziehungen; sie sind daher anfälliger für den „Beziehungsstress", den die Pubertät in der Regel mit sich bringt.

> Im Grunde belanglose negative Erfahrungen belasten Jugendliche häufig so stark, dass sie an Selbstmord denken.

Vor dem Hintergrund einer latenten Depressivität können besondere Stressfaktoren Gedanken an einen Suizid verstärken: Probleme in der Schule, eine zerbrochene Freundschaft, eine unglückliche Verliebtheit. Dies sind nur selten direkte Auslöser für einen Suizid, aber sie können die Tendenz zum Suizid verstärken.

Auch ein geringes Maß an Kommunikation zwischen Eltern und Jugendlichen kann ein suizidbegünstigender Faktor sein. Wachsam sollten Sie auch werden, wenn die Nachrichten vom Selbstmord irgendeiner Berühmtheit berichten – solche Ereignisse können eine Welle von Nachahmungstaten auslösen.

Sollten Sie den Verdacht hegen, Ihr Kind könnte depressiv sein, müssen Sie sich unbedingt damit beschäftigen, was in ihm vorgeht. Sie müssen mit Ihrem Kind reden und die Gesprächsbereitschaft erneuern. Wissenschaftler fanden heraus, dass die Diskussion über Selbstmord die Neigung der Jugendlichen nicht verstärkt, Selbstmord zu begehen. Im Gegenteil: Sie sind erleichtert über die Gelegenheit, über ihre Gefühle zu reden. Sie haben nämlich genauso viel Angst vor diesen Gefühlen wie Sie!

Es ist überraschend, wie häufig gerade solche Jugendlichen Selbstmord begehen, die nach außen hin erfolgreich und von anderen anerkannt sind. Tragischerweise haben sie selbst ein anderes Bild von sich.

Die beste Prävention, die Sie als Eltern leisten können, ist eine gute Kommunikation zu Ihren Kindern und Teenagern aufzubauen. Bereiten Sie sie darauf vor, dass die Pubertät einige stürmische Phasen bereithalten könnte – und machen Sie ihnen klar, dass Sie immer für sie da sind – egal, wie schwierig das Leben gerade aussehen mag. Die größte Hürde für Jugendliche, die sich mit verwirrenden oder negativen Gefühlen konfrontiert sehen, liegt darin, dass sie sich damit unverstanden und allein gelassen fühlen. Dem können Sie als Eltern entgegenwirken. Wenn Ihre Kinder ihren Gefühlen nicht allein gegenüberstehen müssen, ist die Chance größer, dass sie unbeschadet durch die Pubertät kommen.

Hass und Rassismus

Gruppen, in denen Hass Programm ist, sind leider ein wachsendes Problem unserer Zeit, mit dem sich Eltern vertraut machen müssen. Junge Menschen schließen sich vielfach solchen Gruppen an, weil sie unbedingt irgendwo dazugehören möchten. Diese Gruppen nutzen die Unsicherheit von Jugendlichen aus und bieten Hass auf andere als soziale Bindung an, was vor allem Jugendliche anspricht, die aus einem problematischen, bindungsarmen Familienumfeld kommen. Da sie häufig – wenn auch nicht immer – gewalttätig sind, richten diese Gruppen bei Heranwachsenden extremen Schaden an. Die Welt, in der wir leben, ist eine Welt der Vielfalt. Die Weigerung, mit Menschen auszukommen, die anders sind als ich, macht das Leben frustrierend und unproduktiv.

Suchen Sie immer wieder Wege, mit Ihrem Kind darüber ins Gespräch zu kommen, was in ihm vorgeht.

„Hate Groups" verwenden als Identifikationsmerkmale häufig Symbole. Wenn Sie solche Symbole auf dem Skateboard, Notebook oder Oberarm Ihres Teenagers entdecken, stehen Ihnen einige Nachforschungen bevor. Das gilt natürlich auch, wenn Ihre Tochter einen Freund hat oder Ihr Sohn sich mit anderen Jungen abgibt, die diese Symbole verwenden.

Jedes Nazisymbol oder verfälschte Kreuz (entweder auf dem Kopf oder als Hakenkreuz) ist ein Alarmsignal. Zu den weniger bekannten Symbolen gehört die Abbildung einer Faust mit den Buchstaben S-K-I-N auf jedem Knöchel. Das ist ein Symbol der rassistischen Skinheads – als Anspielung auf die arische Faust. Ein Totenschädel mit einer Klappe über einem Auge, gekreuzten Knochen darunter und dem Wort *WAR* darüber ist das Symbol der „White Aryan Resistance" (Weißer Arischer Widerstand), einer neonazistischen Skinheadorganisation, die Hass gegen Juden, Schwarze, Asiaten und praktisch alle Nichtweißen hegt.

Die beste Prävention, die Sie als Eltern leisten können, ist, eine gute Kommunikation zu Ihren Kindern und Teenagern aufzubauen.

Ein tätowiertes Spinnennetz verdient man sich üblicherweise dadurch, dass man wegen eines rassistisch geprägten Verbrechens oder – im schlimmsten Fall – durch Tötung eines Angehörigen einer Minderheit einige Zeit im Gefängnis verbracht hat.

Unterschätzen Sie als Eltern nicht die Gefahren, die das Internet in dieser Hinsicht bietet. Hier entstehen Kontaktforen und Netzwerke, die sich – unbemerkt von der Öffentlichkeit – in aller Stille ausbreiten können. Seien Sie also wachsam, welche Seiten Ihr Teenager aufruft. Auch in dieser Szene finden sich entsprechende Symbole.

Über die Schwarze Sonne heißt es in *Die Sprache des Hasses* von Friedrich Paul Heller und Anton Maegerle[60]: „Die

Schwarze Sonne baut sich düster blinkend am Bildschirm auf, wenn man die entsprechenden Homepages anklickt, und sie geistert als Wort und Bild durch die Dark-Wave-Szene. ... Die NPD-nahe Neonazi-Skin-Postille *Der Landser* feiert sie als ‚esoterische Metapher für das Licht des eigenen Inneren, der Seele des Menschen von Atlantis, den Ariern'. Sie sei, so heißt es dort, ‚die Hüterin unserer uralten eigenen germanischen Werte und Widerstandszeichen gegen die heute in Deutschland herrschende internationalistische und volkszerstörende Kraft des uns vom innersten her fremden und aufgezwungenen Materialismus'."[61]

Rechtsextreme benutzen auch gerne symbolische Zahlen und Buchstaben. 4/20 ist Adolf Hitlers Geburtstag, 88 ist ein Neonazigruß (der achte Buchstabe im Alphabet ist das *H* – 88 bedeutet also HH oder „Heil Hitler"). Werden Sie hellhörig, wenn Sie diese Zahlen am Kopf oder Ende eines Briefes oder einer E-Mail sehen. Die 18 (erster und achter Buchstabe) steht für Adolf Hitler. Die 14 steht für ein rassistisches Glaubensbekenntnis aus 14 Wörtern: „We must secure the existence of our people and a future for white children" – „Wir müssen die Existenz unseres Volkes und die Zukunft weißer Kinder sichern." Es stammt von dem US-Rechtsterroristen David Lane, Mitglied der amerikanischen NS-Gruppe „The Order – Brüder Schweigen", der Banküberfälle, Brandstiftung und mindestens ein Mord nachgewiesen wurden. 4/19 steht für die Daten der FBI-Aktion gegen die Davidianer-Sekte in Waco, Texas (1993) und für das Bombenattentat von Timothy McVeigh in Oklahoma (1995).

Sind Ihre Teenager in die Fänge einer solchen Gruppe geraten, müssen Sie *unverzüglich* professionelle Hilfe in Anspruch nehmen. Je länger junge Menschen in solchen Gruppen bleiben, desto größer wird der Schaden sein. Und mit Hilfe einer geschulten Kraft können Ihre Kinder einen klaren Schnitt machen. Wenn Ihre Kinder sich einer solchen Gruppe anschließen, läuft mit ihrer Zielstrebigkeit, Selbstachtung und sozialer Verantwortung bereits etwas schief.

Alkohol- und Drogenmissbrauch

Vor ein paar Jahren arbeitete ich mit einer Oberstufenschülerin, die mit einer Freundin zu einer Studentenfete gegangen war. Natürlich wollte sie unbedingt so sein wie alle anderen. Also nippte sie an ihrem Drink, sooft jemand in ihre Richtung schaute. Da sie keine Erfahrung mit Alkohol hatte, trank das Mädchen zu schnell zu viel und kippte während der Party um. Ein paar junge Männer, die sich offenbar um ihr Wohlergehen sorgten, hatten so eine hohe Meinung von ihr, dass sie sie auf ihr Apartment brachten. Da zogen sie sie aus. Soweit wir herausbekommen haben, vergewaltigten etwa zehn junge Männer nacheinander diese siebzehnjährige Schülerin.

Als sie etliche Stunden später wieder voll bei Bewusstsein war, hatte sie lediglich eine verschwommene, beängstigende Erinnerung an das Geschehen. Die Wahrheit war zu hässlich, um sie zu glauben. Doch ihr schmerzender Unterleib war zu wahr, um ihn zu ignorieren.

Alkohol

Es ist erschreckend, dass mindestens 3 Millionen amerikanische Teenager regelmäßig Alkohol konsumieren.[62] In der Bundesrepublik gibt es mindestens 150 000 jugendliche Alkoholabhängige.[63] Nach einer Studie der Harvard School of Public Health trinken 44 Prozent der Studenten an amerikanischen Colleges. Und 74 Prozent der älteren Schüler sagten, sie trinken in der Schule. Einer von vier befragten Neuntklässlern gab zu, im Vormonat Alkohol getrunken zu haben.[64]

Leider kann dieses „frühe Ausprobieren" lebenslange Folgen

haben. Claire Costales, Autorin von *Staying Dry* („Trocken bleiben"), wurde mit siebzehn Jahren Alkoholikerin. Auf Partys ihrer Eltern zu Hause oder bei Freunden der Familie stibitzte sie sich immer ein paar Schlückchen. Costales sagt: „Wenn man mir die Trinkerei nicht als akzeptabel, nützlich und glamourös dargestellt hätte, wäre es unter Umständen nicht zu meiner Alkoholikerkarriere gekommen."[65]

Das heißt für mich: Die große Verantwortung, über diesen Feind eines glücklichen Lebens, den Alkohol zu informieren, liegt bei uns, bei den Eltern. Und Information bedeutet hier: Fakten und Vorbild. Sie wissen ja, dass Kinder und Jugendliche nachmachen, was ihnen vorgelebt wird. Und das früheste Vorbild erhalten sie zu Hause. Wenn ganz kleine Kinder sehen, dass ein Elternteil oder beide ihre Sozialkontakte darüber pflegen, dass sie ihren Gästen alkoholische Getränke anbieten, nehmen sie selbstverständlich an, dass man das eben so macht.

Gleichzeitig jedoch versuchen Sie Ihren Kindern beizubringen, dass Alkohol nichts für sie ist, bis sie alt genug dafür sind. Was bewirkt das? Dass sie ihn nur umso interessanter machen. Alkohol wird zum Symbol fürs „Erwachsenwerden". So nehmen sie auf sehr gefährliche Weise illegal und verfrüht Besitz vom Erwachsensein. Wenn Jugendliche ihre Freunde beeindrucken und ganz erwachsen tun wollen, wonach greifen sie dann?

Ganz richtig: nach der Flasche.

Dieser gefährliche Cocktail ist umso verheerender, als Jugendliche zu Hause eher nicht auf die „umwerfende" Wirkung des Alkohols vorbereitet wurden. Also könnte ihr erster Alkoholgenuss auf einer Party auch ihr letzter sein. Lesen Sie nur die Zeitung nach den Abi-Partys, wie viele Schüler sich wieder eine Alkoholvergiftung zugezogen haben.

Was können Eltern – außer einem entsprechenden Vorbild – noch tun? Reden Sie schon sehr früh mit Ihren Kindern über Alkohol. Ein Freund von mir geht da ganz ungewöhnliche

Wege. Einmal nahm er seinen Sohn mit ins Stadionrestaurant, um sich ein Fußballspiel anzusehen. Ein Stammgast war betrunken und fing an herumzustänkern. Ein anderer Gast nahm ihn mit vor die Tür und forderte ihn zum Kampf auf. Der Sohn meines Freundes schaute mit großen Augen zu.

„Wieso macht der das, Papa?", fragte er.

„Siehst du da seinen Bierkrug?", fragte mein Freund zurück.

„Ja."

„Das passiert, wenn man zu viel trinkt. Man bekommt selbst nicht mit, was man für Dummheiten macht. Willst du dich jemals so aufführen?"

Alkoholkonsum gilt bei Jugendlichen als Symbol für Erwachsensein. Leben Sie Ihren Kindern das vor?

„Niemals."

„Dann lass die Finger vom Alkohol. Der Typ wird wohl morgen mit zwei blauen Augen aufwachen und nicht einmal mehr wissen, woher er sie hat!"

Mein Freund sammelt jeden Bericht über Teenager, die durch Alkoholeinwirkung verletzt oder gar getötet wurden. Die zeigt er dann seinen Kindern. „Das hier solltet ihr sehen", sagt er dann. „Wenn ihr zu viel trinkt, kann euch das buchstäblich umbringen. Wenn ihr zu viel trinkt und Auto fahrt, könnt ihr auch andere umbringen."

Als meine Kinder noch klein waren und wir an einem Autounfall vorbeikamen, sagte ich: „Vermutlich Drogen oder Alkohol, eins von beiden."

Irgendwann kamen mir meine Kinder schon zuvor: „Na, Papa", sagten sie dann, „wohl Alkohol oder Drogen?"

„Vermutlich."

Verantwortliche Eltern müssen sich vertraut machen mit den neuesten Studien über die dramatischen Folgen des Trinkens im Jugendalter. Abgesehen von dem, was auf der Hand liegt – Trunkenheit am Steuer, Alkoholabhängigkeit, Unbeherrschtheit und die Gefahr, auf einer Party missbraucht zu werden –

entdecken die Forscher gerade besorgniserregende Langzeit-
folgen von Alkoholmissbrauch.

Kathleen Fackelmann, Reporterin für *USA Today*, warnt:
„Vorläufige Studien deuten darauf hin, dass starkes, regel-
mäßiges Trinken das sich entwickelnde Gehirn von Teenagern
und jungen Erwachsenen schädigt und vielleicht Hirnzellen
zerstört, die am Lernen und Erinnern beteiligt sind." Viele
Wissenschaftler glauben heute, dass es ein bedeutendes Bin-
deglied zwischen Alkoholmissbrauch und bleibenden Hirn-
schäden gibt.[66]

Besonders besorgniserregend für Eltern von Töchtern ist,
dass weibliche Menschen stärker geschädigt werden können als
männliche. Es war kein Zufall, dass die Patientin, die
ohnmächtig geworden war, eine Frau ist. Aufgrund der körperlichen Gegebenheiten haben Männer einen konstanteren
Toleranzpegel für Alkohol. Daher können sie leichter einschätzen, wann sie zu viel haben und wann sie zu weit gegangen sind.

Das gilt nicht für Frauen. Der Blutalkoholpegel, den eine
Frau verträgt, schwankt stark – möglicherweise in Abhängig-
keit von ihrem Menstruationszyklus und/oder der Einnahme
von Verhütungsmitteln. Physiologisch betrachtet ist es für heranwachsende Mädchen sehr gefährlich, mit Alkohol zu tun zu
haben.

Ich halte es zwar unbedingt für wichtig, dass Eltern die Privatsphäre ihrer Kinder achten. Aber in diesem Bereich müssen
wir sehr aufmerksam sein, um lebensbedrohliche Situationen
zu verhindern.

Achten Sie auf folgende Warnzeichen:

▸ Unentschuldigtes Fehlen in der Schule
▸ Abwehrhaltung, wenn sie auf Alkohol angesprochen werden
▸ Verhaltensänderungen: extreme Launenhaftigkeit, Langeweile oder Erschöpfung
▸ Im Müll versteckte Flaschen
▸ Unübliches Interesse an Pfefferminzbonbons und Mundwasser

Ein wenig Arbeit ist unvermeidlich: Informieren Sie sich selbst über die dramatischen Konsequenzen des Alkoholmissbrauchs.

Um sicherzugehen, sollten Sie wissen, wo und mit wem Ihre Kinder ihre Zeit verbringen. Gelegentlich ist es vollkommen angemessen, sie zu überprüfen, um einfach sicherzugehen, dass sie aufrichtig sind. Erlauben Sie Jugendlichen niemals, in Ihrem Haus eine Party zu veranstalten, während Sie nicht daheim sind. Und machen Sie Ihren Kindern klar: Wenn sie zu viel getrunken haben oder wenn die Autofahrer, mit denen sie unterwegs sind, anfangen zu trinken, können sie Sie jederzeit anrufen und sich abholen lassen, ganz ohne Vorwürfe.

Wenn Ihre Teenager offensichtlich betrunken zur Tür hereinstolpern, kümmern Sie sich um ihre unmittelbaren Bedürfnisse und bringen Sie sie ins Bett. Wenn sie am nächsten Tag mit einem Kater dasitzen, sprechen Sie sie direkt und geradeheraus auf den Vorabend an. Verschießen Sie Ihr Pulver jedoch nicht für sinnlos betrunkene Kinder; sie werden sich sowieso nicht daran erinnern.

Keineswegs harmlos: Canabisprodukte Marihuana und Haschisch

Heranwachsende missbrauchen auch gerne Marihuana – auch Pot genannt. Nach einem Bericht der Harvard School of Public Health ist der Marihuanakonsum der amerikanischen Studenten im letzten Jahrzehnt stark gestiegen: 15,7 Prozent der Studenten nehmen diese Droge.[67] Für Deutschland gelten die folgenden erschreckenden Zahlen: Lisa Lindberg, eine Mutter, deren Tochter drogenabhängig war, schreibt, um anderen Eltern ihre eigenen Erfahrungen zu ersparen: „Etwa 10 Millionen Bundesbürger ab einem Alter von 12 Jahren haben irgendwann im Laufe ihres Lebens Cannabis probiert. 3,4 Millionen haben in den letzten 12 Monaten Cannabis konsumiert, 1,6 Millionen in den letzten 30 Tagen.

Heute machen Heranwachsende ihre ersten Haschischerfahrungen oft schon mit 11 bis 12 Jahren, wenn auch die erste Zigarette geraucht wird. Laut Statistiken sind es die 14-bis 18-Jährigen, die am meisten kiffen. Und das Besorgniserregende ist: Knapp *die Hälfte dieser jungen Konsumenten kifft regelmäßig, 11 Prozent betreiben schweren Missbrauch,* aus der festen Überzeugung – wie auch meine Tochter –, dass es völlig harmlos sei."[68]

Ein früherer Patient von mir erzählt seine eigene Leidensgeschichte so:

Ich fing an, Drogen zu nehmen, als ich auf die High School kam. Wenn Sie mich fragen würden, warum ich mich zudröhnte, würde ich wohl sagen, weil es alle taten. Das machte man eben. Und wer nicht mitmachte, war nicht cool. Bevor mich der Gruppendruck einholte, erzählte ich den Leuten gerne, dass ich keine Drogen nahm, keinen Alkohol trank oder Zigaretten rauchte. Es stimmt bis heute, dass ich noch nie eine ganze Zigarette geraucht habe. Aber man war nicht cool, wenn man kein Dope genommen hat.

Zugegeben: Als ich die ersten Male Pot versucht habe, gab mir das nichts. Aber ich nahm es weiter und weiter, bis es schließlich Spaß gemacht hat. Ich ging zu Partys, und anfangs haben wir wirklich viel gelacht und alles war ganz toll. Meine Freunde und ich wurden ganz ausgelassen und so. Die ersten paar Monate hat es richtig Spaß gemacht. Es war cool. Statt in die Klasse zu gehen, blieben wir draußen und dröhnten uns zu. Als wir zurückkamen, sahen alle, dass wir rote Augen hatten und hielten uns für cool. Es war also richtig toll, in die Klasse zu marschieren und alle wissen zu lassen, dass wir high waren.

Erst ein paar Jahre später bekam ich so allmählich Bedenken gegen Marihuana. Ich war nicht klug genug zu erkennen, was es mit mir anstellte. Aber ich sah, was aus meinen Freunden geworden war. Sie waren scheinbar völlig antriebslos geworden. Morgens waren wir high, dann verplemperten wir irgendwie den ganzen Tag, brachten nichts zustande. Saßen nur da und glotzten fern oder einfach vor uns hin. Ich fühlte mich nicht wohl dabei, den ganzen Tag bloß rumzusitzen, aber mit Marihuana war das ganz üblich.

Mein Patient fand heraus, was viele Wissenschaftler und Ärzte mittlerweile bewiesen haben: Marihuana verändert die Persönlichkeit des Konsumenten. Bei den einen zeigen sich die Auswirkungen erst Jahre später; bei den anderen tritt die Beeinträchtigung der Persönlichkeit fast augenblicklich ein. Die markanten Merkmale sind: beeinträchtigtes Kurzzeitgedächtnis, emotionale Mattheit, Ausstiegssyndrom (aus dem Sport, der Schule, der Familie, der Arbeit), verminderte Willenskraft und Konzentration, kurze Aufmerksamkeitsspanne, Schwierigkeit beim Behandeln abstrakter oder komplexer Probleme, niedrige Frustrationsschwelle, gesteigerte Unklarheit des Denkens, vermindertes Urteilsvermögen und größere Feindseligkeit gegenüber Autoritätspersonen.[69]

Wie können wir unsere Kinder vor dieser Falle bewahren? Auch wenn ich mich jetzt wie eine Schallplatte mit Sprung anhöre: Praktisch alles, was ich bislang gesagt habe, muss nur noch einmal bekräftigt werden: Je näher Jugendliche ihren Eltern stehen, desto niedriger ist die Wahrscheinlichkeit, dass sie Drogen nehmen. Je unabhängiger Heranwachsende von ihren Eltern sind, desto größer ist die Wahrscheinlichkeit, dass sie zu Drogen greifen. Zu diesem Ergebnis kommt auch die wissenschaftliche Forschung.[70]

Wenn Sie bisher noch nicht die Zeit hatten, mit Ihren Kindern über Drogen zu reden, fangen Sie heute damit an. Im Anhang finden Sie eine Liste mit Materialien, in denen Sie selbst Informationen über die Wirkungen verschiedener Rauschmittel finden. Studieren Sie diese Bücher – evtl. gemeinsam mit Ihren Teenagern.[71] Kinder und Jugendliche kommen heute so leicht an Drogen heran, wie wir damals an irgendeinen Schokoriegel. Reden Sie mit Ihren Kindern über Drogen und über die Werte, die Sie sich für Ihre Kinder vorstellen.

Wenn ich herausbekäme, dass meine Kinder – trotz unseres engen Verhältnisses zueinander – Drogen nähmen, würde ich sehr direkt. Ich würde meine Kinder nicht fragen, ob sie Drogen nehmen (Rauschgiftsüchtige neigen nicht gerade zu peinlicher Wahrheitsliebe). Ich würde eher sagen: „Ich weiß, dass du Drogen nimmst. Und ich bin sehr aufgebracht und sehr enttäuscht."

Immer noch der beste Risikoschutz gegen alle Gefahren der Pubertät: eine gute Kommunikation zwischen Eltern und Jugendlichen.

Dann würde ich mein Geld unter Verschluss bringen. Geld hält Drogen in Umlauf. Oft haben Drogenkonsumenten keinen Job. Ich würde regelmäßig mein Geld zählen und es nirgendwo liegen lassen, wo es geklaut werden könnte.

Offen gestanden würde ich alles tun, um meine Kinder aus dieser Lage zu befreien. Denn Kokain, Hasch, Ecstacy, Heroin und jede andere Droge zerstören Leben. Ich will Ihnen gerne einen Schrecken einjagen, wenn Ihnen das die nötige Motivation verleiht, in dieser Frage aktiv zu werden.

Sagen Sie nicht: Wo soll ich denn da anfangen? Oder: Unser

Kind ist nicht gefährdet. Oder: Ich weiß selbst nicht genug über Drogen. Heute gibt es keine Ausrede mehr. Jede Stadtverwaltung hält alle möglichen Informationen über Drogenkonsum bereit. Suchtberatungsstellen gibt es in jeder Gemeinde. Und im Internet gibt es beliebig viele Seiten mit aktuellem Infomaterial. Die Realität heute ist, dass man leicht an Drogen herankommt. Es ist mehr als sicher, dass Ihre Kinder sich entscheiden müssen, ob sie Drogen nehmen werden oder nicht. Die Frage ist nicht, ob sich die Gelegenheit bietet. Sie wird sich bieten. Die Frage ist, wie Ihre Kinder darauf reagieren werden.

Sind Ihre Kinder darauf vorbereitet?

Gibt es eine Grenze des Erträglichen?

Die Pubertät der Kinder kann Eltern tatsächlich an die Grenze dessen bringen, was Sie verkraften können. Das muss nicht so sein. Aber mir wird nicht selten die Frage gestellt: „Wann reicht es? Sollte ich ein Kind, das nur Schererein macht, nicht endlich aus dem Haus werfen?"

Die Frage ist nicht, ob Ihre Kinder in die Versuchung geraten werden, Drogen oder Alkohol zu konsumieren. Sie werden hineingeraten. Die Frage ist: Wie werden sie reagieren?

Am ehesten sagen Ihnen diese schwierigen Kinder selber, wann es an der Zeit ist, dass sie gehen. Wenn mir ein achtzehnjähriger Sohn, der das Leben zu Hause permanent belastet, sagen würde: „Ich kann tun, was ich will. Du hast mir gar nichts mehr zu sagen", dann würde ich ruhig antworten: „Ganz richtig. Du kannst jetzt gerne ausziehen. In diesem Haus leben wir im Einklang miteinander und haben Respekt füreinander. Wenn du darauf bestehst, morgens um vier heimzukommen und im ganzen Haus Zigarettenkippen liegen zu lassen, dann wird es Zeit, dass du dir deine eigene Bleibe suchst."

Jugendliche müssen einsehen, dass Eltern auch Rechte haben.

Wir lieben unsere Kinder zwar und bringen auch Opfer für sie, doch wir müssen uns nicht zu Sklaven ihrer Feindseligkeit und schlechten Entscheidungen machen lassen.

Ich würde beispielsweise keinen Sohn beherbergen, der seinen mit Drogen dealenden Freund in mein Haus einlädt. Das ist regelrecht gefährlich, zumal möglicherweise illegale Aktivitäten stattfinden.

Wenn wir glauben, die Erfahrungen unserer Kinder in der Pubertät seien dieselben wie unsere eigenen, machen wir einen Fehler.

Ein weiterer Faktor ist, ob Sie noch jüngere Kinder haben. Wenn ältere Teenager das Zusammenleben so sehr stören, dass sie meine kleineren Kinder negativ beeinflussen, dann sollen sie woanders als in meinem Haus ihre Launen austoben! Ab einem bestimmten Alter ist es ein Privileg und nicht ein Recht, wenn sie weiter bei mir wohnen dürfen. Wenn Kinder dieses Privileg missbrauchen, geht ihnen auch diese Möglichkeit verloren.

Zur Erinnerung:

‣ Essstörungen sind ein Hilferuf, der unverzügliches professionelles Eingreifen erfordert.

‣ Selbstmordversuche kommen am häufigsten in der mittleren Adoleszenz vor; achten Sie auf Anzeichen einer latenten Depression bei Ihrem Teenager.

‣ Hass verbreitende Gruppen nutzen die Unsicherheit von Jugendlichen und ihr Bedürfnis nach Zugehörigkeit aus. Jugendliche aus Familien, die kein Zusammengehörigkeitsgefühl erzeugen, sind besonders gefährdet.

‣ Drogen- und Alkoholmissbrauch von Jugendlichen ist heutzutage ein allgegenwärtiges Problem. Ihre Kinder *werden* die Möglichkeit erhalten, Alkohol und Drogen zu missbrauchen – sie müssen also vorbereitet sein.

‣ Kinder und Heranwachsende leben nach, was ihnen vorgelebt wird. Das früheste Vorbild ist ihr Zuhause.

Zum Ausklang:
Zehn Gebote eines Teenagers für seine Eltern

Sind Sie jetzt entmutigt? Erscheint Ihnen die Aufgabe, Ihre Kinder gut durch die stürmischen Phasen der Pubertät und der Adoleszenz zu begleiten, zu schwierig? Es gibt keinen Grund zur Entmutigung. Denn: Pubertät verläuft in der Regel nicht tödlich. Sie fühlt sich nur manchmal so an. Aber auch für die schwierigen Phasen gilt: Sie gehen vorüber. Sie sind nur ein Durchgangsstadium zu einem glücklichen, verantwortlichen Leben als Erwachsener. Wenn Sie Ihre Kinder lieben – gerade dann, wenn diese unausstehlich sind – und sich bemühen, das Gespräch nicht abreißen zu lassen, werden Ihre Kinder am Ende als prachtvolle Erwachsene dastehen.

Zum Schluss deshalb noch einige abschließende Hinweise, wie Sie dieses Ziel erreichen können. Sie fassen die wesentlichen Hinweise dieses Buches zusammen – und können Sie daran erinnern, was Ihre Kinder von Ihnen erwarten.

Zehn Gebote eines Teenagers für seine Eltern

1. Gebt mir bitte nicht alles, was ich will. Wenn ihr nein
    sagt, zeigt mir das, dass ich euch nicht gleichgültig bin.
    Ich bin dankbar für Richtlinien.

2. Behandelt mich nicht wie ein kleines Kind. Sicher wisst
    ihr, was „richtig" ist. Aber es gibt Dinge, die ich für mich
    selbst entdecken muss.

3. Respektiert mein Bedürfnis nach Privatsphäre. Ich muss
    mich zurückziehen können, um mir über manches klar
    zu werden und ein wenig zu träumen.

4. Sagt nie: „Zu meiner Zeit ...". Da schalte ich sofort ab.
    Die Zwänge und Verpflichtungen meiner Welt sind kom-
    plizierter als damals, als ihr in meinem Alter wart.

5. Ich mäkel nicht an euren Freunden oder Kleidern herum;
    kritisiert bitte auch nicht meine. Wir können verschie-
    dener Meinung sein und doch die Entscheidungen des
    anderen respektieren.

6. Bewahrt mich nicht ständig vor allen Fehlern; denn aus meinen Fehlern lerne ich am meisten. Überlasst mir die Verantwortung für die Entscheidungen in meinem Leben. Nur so kann ich lernen, Verantwortung zu übernehmen.

7. Seid mutig genug, mir eure Enttäuschungen, Gedanken und Gefühle mitzuteilen. Übrigens: Ich werde nie zu alt sein, um zu hören, dass ich geliebt werde.

8. Haltet keine Vorträge. Ich habe seit Jahren gute Ratschläge bekommen; vertraut mir, dass ich die Weisheit, die ihr mir mitgegeben habt, auch einsetzen werde.

9. Ich respektiere euch, wenn ihr mich für eine gedankenlose Tat oder ein Wort um Verzeihung bittet. Das beweist, dass keiner von uns perfekt ist.

10. Seid mir ein gutes Vorbild. Was ihr tut, sagt mir mehr, als was ihr sagt.

Anmerkungen

Kapitel 1:

[1]   Zahlen bei: Marsha Rosenbaum, „Just Say No – or Just Know?", *USA Today*, 22. Juni 2000, S. 6. Sowie Dan Vergano, „Teens May Be Hooked within First Days of Smoking", *USA Today*, 10. Juli 2000, S. 17.

[2]   Amy Larocca, „How Little Marshall Mathers Became a Badass", *George* (September 2000), S. 76.

[3]   Ebd.

[4]   Ebd., S. 77.

Kapitel 2:

[5]   Nancy Collins, „The Unsinkable Spirit of Michael J. Fox", *George* (Oktober 2000), S. 122.

Kapitel 3:

[6]   James Dobson, *Endlich ... ich werde erwachsen* (Kehl: Edition Trobisch, 1997.

Kapitel 5:

[7]   David Blankenhorn, „Dads, Daugters Forge Key Bonds", *USA Today*, 8.Mai 2000, Abschn. A, S. 19.

[8]   Statistisches Bundesamt, *Leben und Arbeiten in Deutschland*, Ergebnisse des Mikrozensus 2001. (Anmerkung der Übersetzerin)

[9]   Department of Health and Human Services, Morehouse Report, National Center for Children in Poverty, US. Bureau for the Census, zitiert in "What Father Involement Means", *USA Today*, 30. Mai 2000, Abschn. A, S. 10.

[10]   Anita Manning, „Absent Dads Scar Millions ...", *USA Today*, 7. Juni 2000, Abschn. D, S. 7.

[11]   Jonetta Barras, zitiert in Manning, „Absent Dads Scar Millions ...", Abschn. D, S. 7.

[12]   *Journal of Personality and Social Psychology*, zitiert von D. Blankenhorn, a.a.O.

[13]   David Blankenhorn, „Dads, Daughters Forge Key Bonds". A.a.O.

14 nach einem Artikel in *Child Development* vom März/April 2000. Blankenhorn, a.a.O.

15 *Lexikon der Biologie* (Heidelberg, Spektrum, 2003), Band 11, S. 15.

16 Blankenhorn, a.a.O.

17 Marvin Olasky, „Divorce Untermines Joy, Hope and Graduation Time", *USA Today*, 18. Mai 1998, Abschn. A, S. 19.

Kapitel 6:

18 „Kids Roam Free", *Bellingham (Wash.) Herald*, 5. Oktober 2000, Abschn. C, S. 1.

19 David Popenoe und Barbara Dafoe Whitehead, *Sex without Strings, Relationships without Rings: Today's Young Singles talk about Marriage and Dating.* Ohne nähere Quellenangabe.

20 Lynn Okagaki, Kimberly Hammound und Laura Seamon, „Socialization of Religious Beliefs", *Journal of Applied Development Psychology* 20, Nr. 2 (2000), S. 126-127.

21 Ebd., S. 283.

Kapitel 7:

22 „School Fashion Fuss", *USA Today*, 25. September 2000, Abschn. D, S. 1

23 Dr. Bruce Narramore, „Teenage Negativism: How Much Is Normal?" *Psychology for Living* (September-Oktober 2000), S. 9.

24 Ebd.

25 Ebd., S. 22.

Kapitel 9:

26 Ann Landers, „Teen Works Hard but Dad Still Yells", *Orlando Sentinel*, 20. Oktober 2000, Abschn. E, S. 3.

27 Zitiert in Marilyn Elias, „Teens Take Brunt of Parents' Verbal Abuse", *USA Today*, 5. Juni 2000, Abschn. D, S. 7.

28 Ebd.

29 Wenn Sie in diesem Bereich Hilfe brauchen, lesen Sie mein Buch *When Your Best Isn't Good Enough* (Grand Rapids: Revell, 1997).

Kapitel 10:

30　Stephanie Armour, „Baby-Faced Retirees Cash Out, Carry On", *USA Today*, 5. Oktober 2000, S. 2.

31　Marktforschung Bauer Verlagsgruppe. Pressekonferenz zur Kids-Verbraucher-Analyse 2003 am 9. Juli 2003, nachzulesen unter www.mediapilot.de.

32　Patrick Welsh, „Oh, Those Prom Bills ...", *USA Today*, 21. Juni 1999, Abschn. A, S. 23.

33　Zyklop Inkasso Pressemitteilung vom 1. Juni 2005 und Mitteilungen des Statistischen Bundesamtes.

34　Die Verbrauchervereinigung Amerikas gab eine Studie des Soziologen Robert Manning heraus, der die „Krise" untersuchte, in die Studenten durch Verschuldung beim Gebrauch von Kreditkarten geraten.

35　Ebd.

Kapitel 11:

36　Joshua Harris, *Ungeküsst und doch kein Frosch* (Asslar: Verlag Klaus Gerth, 1998. Dt. von Maike Grabowski).

Kapitel 12:

37　Kevin Leman, *Sex beginnt in der Küche* (Basel: Brunnen, 2003).

38　*stern* vom 4.2.2004.

39　Marilyn Elias, „Chats with Parents Pass Sex Attitudes to Teens", *USA Today*, 7. August 2000, Abschn. D. S. 6.

40　Ebd.

41　Retty Ettenborough, *Arizona Republic*, in *Bellingham (Wash.) Herald*, 7. Dezember 2000, Abschn. C, S. 6.

Kapitel 13:

42　Archibald Hart, *Lust oder Last. Wie Mann mit seiner Sexualität glücklich werden kann* (Asslar: Verlag Klaus Gerth, 1995), S. 73.

43　*Chrismon plus*, das evangelische Magazin, erscheint monatlich in Hamburg; Ausgabe 07/2005, S. 72.

44　National Center for Health Statistics, „Preventing Teenage Pregnancy", 29. Februar 2000
www.cdc.gov/nchs/about/major/natality/teenpreg.htm.

[45] Centers for Disease Control, „Trends in Sexual Risk Behaviors among High School Students – United States, 1991 – 1997", *Morbidity and Mortality Weekly Report* (18. September 1998), S. 747-752.

[46] Diese Tabelle, die Beratungsstellen für Problemschwangerschaften verwenden, basiert auf folgender Formel: Ist N die Anzahl der Sexualpartner, dann errechnet sich die Anzahl der Gefährdungen jedes dieser Partner nach der Formel $[(2 \text{ hoch N}) - 1]$. Die 1 wird abgezogen, weil der- oder diejenige nicht sich selber ausgesetzt ist.

[47] Guttmacher Institute, „Teen Sex".

[48] Karen Thomas, „Kids Run a 20% Risk of ‚Cybersex' Advances", *USA Today*, 8. Juni 2000, Abschn. A, S. 1.

[49] Besuchen Sie die Webseite netaddiction.com/index.html.

[50] Kimberly S. Young, *Caught in the Net. Suchtgefahr Internet* (München: Kösel, 1999).

[51] Diese Namen sollen nur für typische Beispiele stehen; meines Wissens trägt keine tatsächliche Gesellschaft einen der angeführten Namen.

[52] Catherine Cohan, zitiert in Karen Peterson, „Cohabiters May Miscommunicate", *USA Today*, 18. Juli 2000, Abschn. D, S. 8.

[53] David Popenoe und Barbara Dafoe Whitehead, „Sex without Strings, Relationships without Rings", *The National Marriage Project*, Rutgers University (2000); www.marriage.Rutgers.edu.

Kapitel 14

[54] Harvey, „Understanding Eating Disorders", S. 8.

[55] Ebd.

[56] Ebd.

[57] David Murphy, „Suicidal Thoughts Aren't Normal ...", *Bellingham (Wash.) Herald*, 11. September 1999, Abschn. C., S. 7.

[58] David Satcher, *Mental Health: A Report of the Surgeon General* (Washington, D.C.: U.S. Government, 1999).

[59] Walter Blümli, *Suizid bei Kindern und Jugendlichen*, Facharbeit Soziologie an der Hans-Weinberger-Akademie München, 1996.

[60] Friedrich Paul Heller, Anton Maeerle, *Die Sprache des Hasses* (Stuttgart: Schmetterling Verlag, 2001) – das Buch beschreibt ausführlich die Hintergründe der Neonazibewegung sowie die Symbole, die in diesen Kreisen verwendet werden. (Anmerkung der Übersetzerin)

[61] Ebd., S. 16.

[62] Kathleen Fackelmann, „Teen Drinking, Thinking Don't Mix", *USA Today*, 18. Oktober 2000, Abschn. D, S. 1.

[63] Annette Bornhäuser, *Alkoholabhängigkeit bei Jugendlichen und jungen Erwachsenen* (Bern: Hans Huber, 2001). Anmerkung der Übersetzerin: Empfehlenswert ist ebenfalls Jürgen Schlieckau, *Alkopops* (Geesthacht: Neuland, 2004).

[64] Kathleen Fackelmann, „School Urged to Serve the Facts about Booze", *USA Today*, 18. Oktober 2000, Abschn. D, S. 8.

[65] Claire Costales, *Staying Dry* (Ventura, Calif.: Regal Books, 1980), S. 30.

[66] Duncan Cark, zitiert in Fackelmann, „Teen Drinking".

[67] Michelle Healy, „More College Students Use Marijuana", *USA Today*, 31. Oktober 2000, Abschn. D, S. 9.

[68] Lisa Lindberg, *Wenn ohne Joint nichts läuft* (Düsseldorf und Zürich, Patmos/Walter, 2003). Anmerkung der Übersetzerin.

[69] Peggy Mann, „Marijuana Alert III: The Debastation of Personality", *Reader's Digest* (Dezember 1981): S. 81.

[70] Cynthia Tudor, David Petersen und Kirk Elifson, „An Examination of the Relationship between Peer and Parental Influences and Adolescence Drug Use", *Adolescence* (Winter 1980): S. 795.

[71] Empfehlenswerte Literatur zum Thema Alkohol, Zigaretten, Drogen:

- Lisa Lindberg, *Wenn ohne Joint nichts läuft* (Düsseldorf und Zürich: Walter Verlag/Patmos, 2003). Im Anhang finden sich zahlreiche Adressen von Beratungs- und Therapieeinrichtungen in ganz Deutschland.

- Raphael Gaßmann (Hg.), Deutsche Hauptstelle für Suchtfragen, *Cannabis. Neue Beiträge zu einer alten Diskussion* (Freiburg i.Br., Lambertus, 2004).

- Christoph Markert, *Schule, Alkohol und Zigaretten* (Berlin: Logos, 2003).

- Ute Antonia Lammel, *Rauschmittelkonsum und Freizeitverhalten der 14- bis 18-Jährigen* (Aachen: Mainz, 2003).

- Informationen sind unter den entsprechenden Stichworten auch leicht im Internet zugänglich. Z.B. www.no-hope-in-dope.de; www.drug-infopool.de und andere. (Anmerkung der Übersetzerin).